汽车诊断思维技能

汽车舒适控制系统及检修

第2版

北京中汽恒泰教育科技有限公司　组编

弋国鹏　魏建平　郑世界　编著

机械工业出版社

《汽车舒适控制系统及检修》主要是按照故障诊断流程对汽车舒适控制系统常见故障进行详细的讲解，包括玻璃升降器、中控门锁、电动后视镜等，同时对新一代控制器局域网（CAN）总线技术进行了一定的讲解。

《汽车舒适控制系统及检修》的主要任务是规范汽车诊断思维、细化技术细节，引导学生在具体的诊断过程中进一步掌握汽车舒适控制系统的结构和逻辑，并学会使用各种诊断设备，培养学生将宽泛的基础知识与实际车型相结合，以便学生将来更有效地从事汽车故障诊断工作。

《汽车舒适控制系统及检修》可作为高职院校汽车检测与维修专业教材，也可作为汽车维修技能竞赛的指导性教材。

图书在版编目（CIP）数据

汽车舒适控制系统及检修／弋国鹏，魏建平，郑世界编著.—2版.—北京：机械工业出版社，2019.7（2024.2重印）
ISBN 978-7-111-63296-2

Ⅰ.①汽… Ⅱ.①弋… ②魏… ③郑… Ⅲ.①汽车–车体–控制系统–车辆检修–高等职业教育–教材 Ⅳ.①U472.41

中国版本图书馆CIP数据核字（2019）第154808号

机械工业出版社（北京市百万庄大街22号 邮政编码100037）
策划编辑：李 军 责任编辑：李 军
责任校对：肖 琳 封面设计：马精明
责任印制：单爱军
北京虎彩文化传播有限公司印刷
2024年2月第2版第5次印刷
184mm×260mm · 8.5印张 · 209千字
标准书号：ISBN 978-7-111-63296-2
定价：44.90元

电话服务　　　　　　网络服务
客服电话：010-88361066　机 工 官 网：www.cmpbook.com
　　　　　010-88379833　机 工 官 博：weibo.com/cmp1952
　　　　　010-68326294　金 书 网：www.golden-book.com
封底无防伪标均为盗版　机工教育服务网：www.cmpedu.com

前　言

为提升历年汽车维修技能竞赛的技术规范和日常教学活动紧密结合的程度，培养学生在汽车故障诊断过程中的诊断思维和规范性操作，培养学生将理论知识和实际维修案例相结合，编写故障诊断和检测技术文件的能力，帮助学生准备汽车维修技能竞赛，在经过大量试验和实践总结后，我们编写了这本实践性很强的指导性图书，供高职院校及其他院校汽车检测与维修专业学生使用。

本书符合国家对技术技能型紧缺人才培养培训工作的要求，注重以就业为导向，以能力为本位，面向市场，面向社会，体现了职业教育的特色，满足了高素质人才培养的需求。

本书的编写以"创新职业教育理念、改革教育教学模式、提升学生职业素质、适应经济社会发展"为指导思想，采用职教专家、行业一线企业和出版社相结合的编写模式。在组织编写过程中，认真总结了历年技能竞赛的相关技术文件，通过大量的验证性试验总结原车的结构特点和控制流程，并基于此制订了规范的诊断流程，同时还注意吸收发达国家先进的职教理念和方法，形成了以下特色：

1）打破传统的教材体例，以具体故障诊断过程为单元确定知识目标和能力目标，使培养过程实现"知行合一"。

2）以工作过程为导向，细化作业过程，规范思维和作业过程，对必要的理论知识进行了详细的解释，真正将技能竞赛的要求和日常教学活动有机结合。

3）内容选择注重汽车后市场职业岗位对人才的知识、能力要求，力求与相应的职业资格标准衔接，并较多地反映了新知识、新技术、新工艺、新方法和新材料等内容。

本书由北京中汽恒泰教育科技有限公司组织编写，刘超、柳琪、宋宗奇参与了资料收集、数据采集、文稿整理及其他相关工作，在此对他们表示衷心的感谢。

由于经验有限，本书诊断流程、测试数据等可能存在疏漏，请使用本书的师生提出宝贵意见，以便在今后进行补充和改进。

编　者

目 录

前言

任务1 玻璃升降器控制系统及检修 …… 1

1.1 玻璃升降器控制系统的组成与工作原理 …… 13

1.2 玻璃升降器开关常见故障的诊断与排除 …… 25

1.3 玻璃升降器电动机常见故障的诊断与排除 …… 29

任务2 中控门锁控制系统及检修 …… 32

2.1 中控门锁控制系统的组成与工作原理 …… 44

2.2 门锁电动机常见故障的诊断与排除 …… 64

2.3 门锁功能开关F2常见故障的诊断与排除 …… 69

2.4 门锁功能开关F241常见故障的诊断与排除 …… 72

2.5 联锁开关常见故障的诊断与排除 …… 76

2.6 左后侧车门触摸传感器信号电路故障的诊断 …… 79

2.7 驾驶人侧车门天线信号电路故障的诊断 …… 83

任务3 电动后视镜系统及检修 …… 85

3.1 后视镜控制系统的组成与工作原理 …… 90

3.2 后视镜转换开关常见故障的诊断与排除 …… 97

3.3 后视镜调节开关常见故障的诊断与排除 …… 100

3.4 后视镜左右调节电动机常见故障的诊断与排除 …… 104

附录A 汽车总线系统及检修 …… 107

A1 汽车总线系统的结构与工作原理 …… 107

A2 CAN总线常见故障的诊断与排除 …… 121

A3 如何书写诊断报告 …… 129

任务 1
玻璃升降器控制系统及检修

一、任务描述

迈腾玻璃升降器运行常见的、稳定的故障现象有以下几种：
1）驾驶人侧玻璃升降器开关控制所有车门玻璃升降异常。
2）驾驶人侧玻璃升降器开关控制某个车门玻璃升降异常。
3）一侧玻璃升降器开关控制对应车门玻璃升降异常。
4）一侧玻璃升降器开关控制对应车门玻璃升或降异常。

二、任务分析

要想完成以上故障的诊断与排除，需要具备以下知识和技能：

1. 相关知识

1）汽车舒适系统的总述。
2）汽车玻璃升降器控制系统的认知和检测。
3）迈腾网络总线系统。
4）迈腾玻璃升降器控制组成与工作原理。

2. 相关技能

1）万用表、示波器、解码器等常见设备的使用。
2）维修资料的查阅、电路原理图（图1-1）的识读和分析。
3）常见故障的诊断与排除。
4）5S 管理和操作。

三、故障分析

1. 初步分析

注意：不同的技术人员操作过程有所不同，则每步的结论也会有所不同。本书所述是作者习惯的一种故障诊断过程，一切是基于检查的先后顺序，下一步的诊断结论都是基于以前的实验结果，这一点在分析的时候要特别注意。

1）用正确的方法检测 +B，确保蓄电池电压满足车辆要求。
2）打开点火开关，观察仪表显示是否正常，如果仪表相关显示异常，就需要结合电路图、维修手册先排除仪表显示异常的故障。

3）接着操作驾驶人侧玻璃升降器开关 E512 上的驾驶人侧玻璃升降器开关 E710，对应的车窗玻璃应能正常手动上升、自动上升、手动下降、自动下降。

① 开关 E710 所有控制功能异常，可能存在以下故障。

a. E710 本身或接地故障。

b. E710 到驾驶人侧车门控制单元 J386 之间的信号线故障。

c. J386 自身或其电源电路故障（注意 J386 的激活路径）。

d. J386 与驾驶人侧玻璃升降器电动机之间电路故障。

e. 驾驶人侧玻璃升降器电动机自身故障。

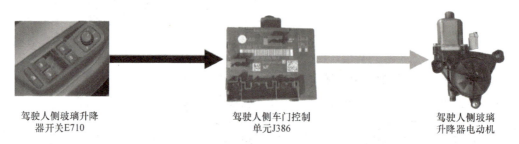

驾驶人侧玻璃升降器开关E710　　驾驶人侧车门控制单元J386　　驾驶人侧玻璃升降器电动机

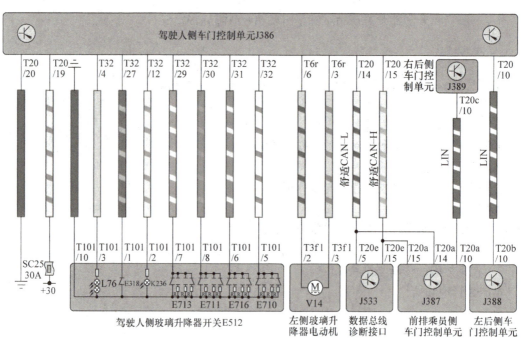

图 1-1　驾驶人侧玻璃升降器控制电路及原理图

注意：

1）可以通过操作 E318、E711、E713 或 E716 的来判断 E710 接地的故障，如果这些开关功能正常，则说明 E512 总成的接地电路没有故障，接地要有故障也只能是开关内部电路的局部故障。

2）J386的电源故障可以通过J386的其他功能进行判定，例如后视镜上的信号照明灯、后视镜调节电动机、中控门锁电动机、中控门锁开关背景照明、中控门锁开关控制、玻璃升降器背景照明等动作予以判定，如果这些执行器一个是正常的，则基本排除电源电路故障。

3）可以通过长按遥控器开锁、闭锁按键的方法控制所有车窗玻璃升降器电动机的运行，以此判断J386能否正常控制驾驶人侧玻璃升降器电动机的运行。如果这种方式下，玻璃升降器电动机工作正常，则故障存在与开关E710信号输入及J386自身；如果同样不能正常升降，根据故障概率大小，故障可能与开关及信号输入电路没有关系。

② 如果为单个功能异常，可能存在以下故障。

a. E710上开关内部控制对应的触点、电阻、印刷电路板故障。

b. 驾驶人侧车门控制单元J386内部（此功能控制）故障。

4）接着操作E512上的前排乘员侧玻璃升降器开关E716，前排乘员侧的车窗玻璃应能正常手动上升、自动上升、手动下降、自动下降；操作前排乘员侧车门上的玻璃升降器开关E107，前排乘员侧的车窗玻璃应能正常手动上升、自动上升、手动下降、自动下降。如图1-2所示为前排乘员侧玻璃升降器控制原理图，从中可以看出：

① 如果只考虑开关E716的控制功能异常，则可能存在以下故障。

a. E716开关本身或其开关接地（和E710做相同的分析）故障。

b. E716与驾驶人侧车门控制单元J386之间电路故障。

c. J386自身或其电源故障。

d. J386与前排乘员侧车门控制单元J387之间的舒适CAN总线故障。

e. J387或其电源电路故障（注意J387的激活路径）。

f. J387与前排乘员侧玻璃升降器电动机之间电路故障。

g. 前排乘员侧玻璃升降器电动机自身故障（和驾驶人侧玻璃升降器电动机做相同的分析）。

② 如果只考虑E107所有控制功能异常，可能存在以下故障。

a. 开关E107本身或其接地故障。

b. E107与J387之间电路故障。

c. J387自身或其电源故障。

d. J387与前排乘员侧玻璃升降器电动机之间电路故障。

e. 前排乘员侧玻璃升降器电动机自身故障。

③ 如果E512上的开关E716控制异常，而开关E107控制正常，则说明J387到前排乘员侧车门玻璃升降器电动机工作正常。

④ 如果E512上的开关E716控制正常，而开关E107控制异常，则可能开关E107本身、开关与J387之间、J387内部（局部）存在故障。

⑤ 如果为E716、E107的某个单独的控制功能异常，则可能为该开关内部控制对应的触点、电阻、印刷电路板故障。

5）接着操作E512上的开关E711，左后侧玻璃应能正常手动上升、自动上升、手动下降、自动下降；操作左后侧车门上的开关E52，左后侧玻璃应能正常手动上升、自动上升、手动下降、自动下降，如图1-3所示为左后侧玻璃升降器控制电路及原理图，从中可以看出：

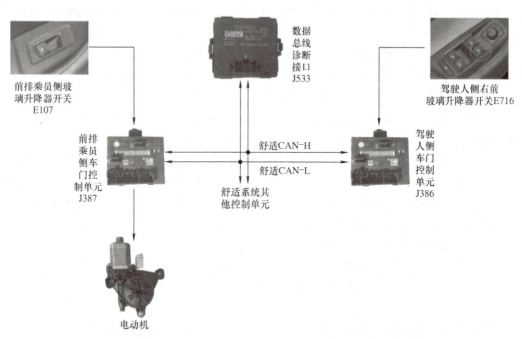

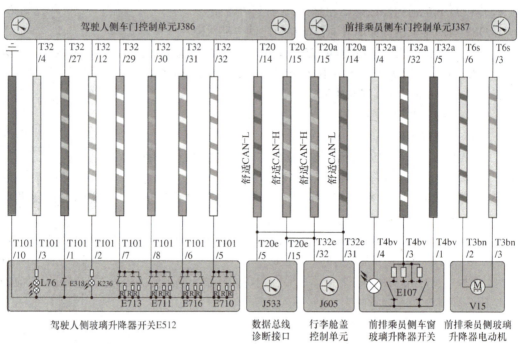

图 1-2　前排乘人侧玻璃升降器控制电路原理图

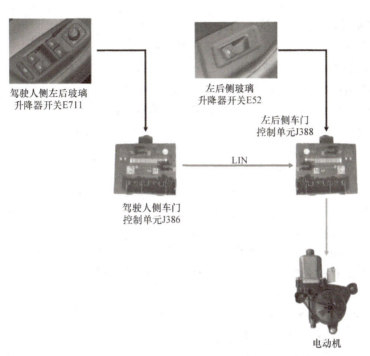

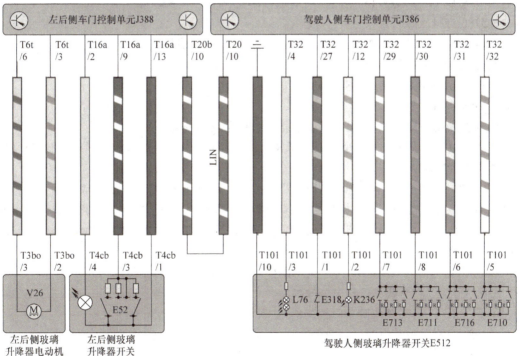

图 1-3　左后侧玻璃升降器控制电路及原理图

① 如果只考虑 E711 开关的所有控制功能异常，则可能存在以下故障。

a. 开关 E711 本身或其接地电路故障（和 E716 做相同的分析）。

b. 开关 E711 与驾驶人侧车门控制单元 J386 之间信号电路故障。

c. J386 自身或其电源故障。

d. J386 与左后侧车门控制单元 J388 之间 LIN 总线故障。

e. J388 自身或其电源故障（注意 J388 的激活路径）。

f. J388 与左后侧玻璃升降器电动机之间电路故障。

g. 左后玻璃升降器电动机自身故障。

② 如果只考虑开关 E52 所有控制功能异常，则可能存在以下故障。

a. 开关 E52 本身或其接地故障。

b. E52 与 J388 之间电路故障。

c. J388 自身或其电源故障。

d. J388 与左后侧玻璃升降器电动机之间电路故障。

e. 左后侧玻璃升降器电动机自身故障。

f. 儿童安全锁按钮 E318 开关本身、接地、信号电路故障（可以结合右后侧玻璃升降器开关的控制综合判断，如果右后侧玻璃升降器开关功能正常，则可能是 E52 开关信号输入存在故障；如果左右后侧玻璃升降器开关功能均异常，则可能是儿童安全锁按钮 E318 信号输入异常）。

③ 如果开关 E711 控制异常，而开关 E52 控制正常，则可能存在以下故障。

a. 开关 E711 本身或其接地电路故障。

b. 开关 E711 与驾驶人侧车门控制单元 J386 之间信号电路故障。

c. J386 自身故障。

④ 如果开关 E711 控制正常，而开关 E52 控制异常，可能存在以下故障。

a. 开关 E52 本身或其接地故障。

b. E52 与 J388 之间电路故障。

c. J388 自身故障。

d. 儿童安全锁按钮 E318 开关本身、接地、信号电路故障。

⑤ 如果 E711 或 E52 的某个单项功能异常，则可能是该开关内部控制对应的触点、电阻、印刷电路板故障。

6）操作 E512 上的右后侧玻璃升降器开关 E713，右后侧玻璃应能正常手动上升、自动上升、手动下降、自动下降；操作右后侧玻璃升降器开关 E54，右后侧玻璃应能正常手动上升、自动上升、手动下降、自动下降。如图 1-4 所示为右后侧玻璃升降器控制电路及原理图，从中可以看出：

① 如果只考虑开关 E713 所有控制功能异常，则可能存在以下故障。

a. 开关 E713 本身或其接地电路故障。

b. 开关 E713 与驾驶人侧车门控制单元 J386 之间电路故障。

c. J386 自身及或其电源电路故障。

d. J386 与前排乘员侧车门控制单元 J387 之间舒适 CAN 总线故障。

e. J387 或其电源电路故障。

f. J387 与右后侧车门控制单元 J389 之间 LIN 总线故障。

g. J389 或其电源电路故障（注意其激活条件）。

h. J389 与右后侧玻璃升降器电动机之间电路故障。

i. 右后侧玻璃升降器电动机自身故障。

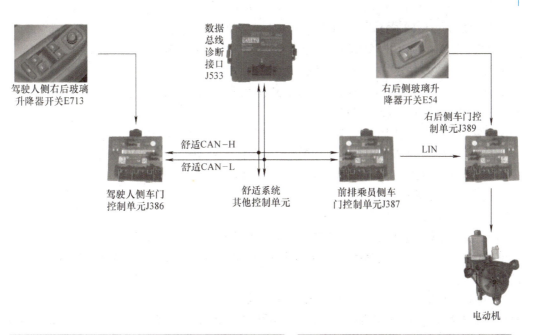

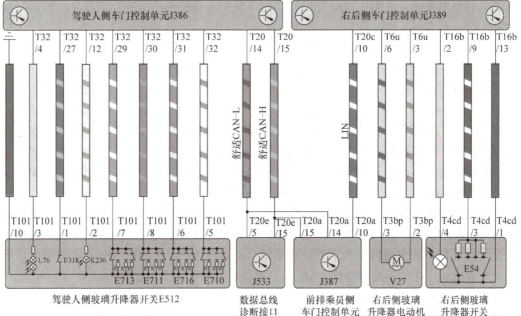

图 1-4 右后侧玻璃升降器控制电路及原理图

② 如果只考虑开关 E54 所有控制功能异常，则可能存在以下故障。

a. 开关 E54 本身或其接地故障。

b. E54 与 J389 之间电路故障。

c. J389 自身或其电源故障。

d. J389 与右后侧玻璃升降器电动机之间电路故障。

e. 右后侧玻璃升降器电动机自身故障。

f. 儿童安全锁按钮 E318 开关本身、接地、信号电路故障。
③ 如果开关 E713 控制异常,而开关 E54 控制正常,则可能存在以下故障。
a. 开关 E713 本身或其接地电路故障。
b. 开关 E713 与驾驶人侧车门控制单元 J386 之间电路故障。
c. J386 自身及或其电源电路故障。
d. J386 与前排乘员侧车门控制单元 J387 之间舒适 CAN 总线故障。
④ 如果开关 E713 控制正常,而开关 E54 控制异常,可能存在以下故障。
a. 开关 E54 本身或其接地故障。
b. E54 与 J389 之间电路故障。
c. J389 自身故障。
d. 儿童安全锁按钮 E318 开关本身、接地、信号电路故障。
⑤ 如果 E713 或 E54 的某个单项功能异常,则可能是该开关内部控制对应的触点、电阻、印刷电路板故障。

7) 操作 E512 上的儿童安全锁按钮 E318,驾驶人侧玻璃升降器开关应能对所有后车门车窗玻璃进行控制,而所有后车门开关不能操作对应的车窗玻璃。如图 1-5 所示为儿童安全锁控制电路及原理图,从图中可以看出,如果儿童安全锁控制的所有功能异常,可能存在以下故障。

① E318 开关本身或其开关接地故障。
② E318 开关与驾驶人侧车门控制单元 J386 之间信号电路故障。
③ J386 自身故障。

2. DTC 分析

现在汽车一般都具有自诊断功能,即使通过故障现象可以明确故障范围,但也最好首先读取故障记忆,因为这特别有利于快速发现故障。如果有故障代码,应清楚故障代码的定义和生成条件,并基于此展开诊断和故障检修;如果没有故障代码,则基于系统的结构和工作原理进行系统诊断。

系统控制单元根据需要实时监测特定的元器件、数据通信以及电路的电压、信号。如果受监测的元器件、数据通信以及电路的电压、信号出现波动或异常,在设定时间内控制单元将确认此元器件、数据通信以及电路出现故障,随即在 ROM 中调取一个和电压以及信号异常相对应的代码,存储于控制单元 RAM 中,这就是故障代码,即 DTC。

在利用故障代码进行故障诊断时,一定要仔细阅读故障代码的定义和生成条件,从中可以明确故障代码的生成机理,并根据机理确定验证故障代码真实性的方法,进而有利于提高诊断效果。所以利用故障代码进行故障诊断时按以下步骤进行。

1) 读取故障代码,查阅资料了解故障代码的定义和生成条件。
2) 验证故障代码的真实性,验证的方法也分两步:
① 通过清除故障代码、模仿故障工况运行车辆、再次读取故障代码。
② 通过数据流或在线测量值来判定故障真实性,并由此展开系统测量。
按照当前的故障车窗玻璃升降异常,实测过程中可能会遇到三种情况:

任务1　玻璃升降器控制系统及检修

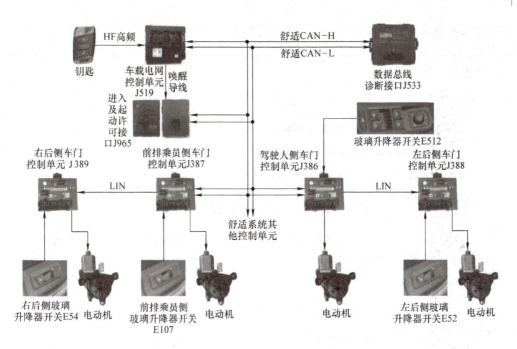

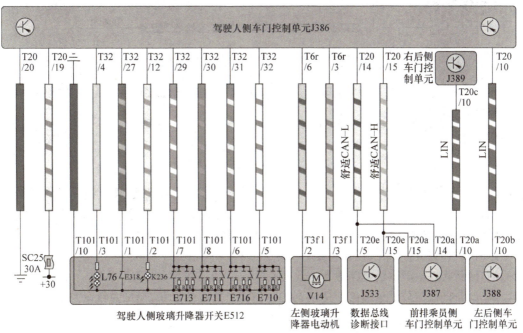

图1-5　儿童安全锁控制电路及原理图

1）诊断仪器可以正常和相应的控制单元进行通信，但系统没有故障记忆。

2）诊断仪器可以正常和相应的控制单元进行通信，并能读取到系统中所存储的故障代码，此时应结合故障代码信息进行维修。

3）诊断仪器不能正常和相应的控制单元进行通信，因此无法读取系统中所存储的故障代码。

如图 1-6 所示为诊断仪器和舒适系统各控制单元之间的通信原理图，从中可以看出，诊断仪器通过诊断仪器连接线、无线或蓝牙通信、OBD-II 诊断接口、CAN 总线与相应的控制单元进行通信。

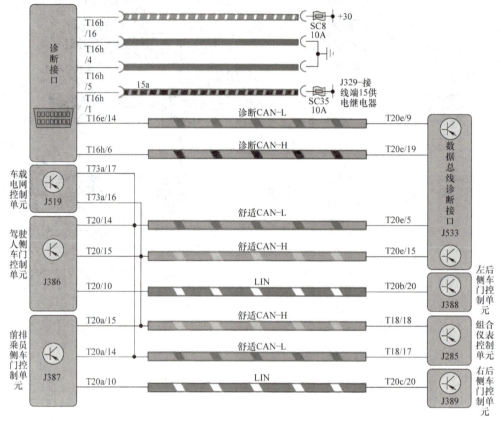

图 1-6　迈腾数据诊断通信电路图解

如果诊断仪器无法进入车辆所有系统，则可能是解码器、诊断连接线、无线或蓝牙通信、OBD-II 诊断接口、CAN 总线中的一个或多个出现故障；如果只是某个控制单元无法到达，则可能是该控制单元或其电源电路、相邻的 CAN 总线区间出现故障。

诊断仪器无法进入某个控制单元，可能原因有以下几种：
1）诊断接口电源供给电路故障。
2）诊断接口与数据总线诊断接口 J533（网关）之间的诊断 CAN 总线电路故障。
3）数据总线诊断接口 J533（网关）电源、自身故障。
4）J533 与相应的控制单元之间的舒适 CAN 总线电路故障。
5）相应的控制单元自身或其电源故障。

3. 无码分析

如果没有故障代码显示，那就需要技术人员结合故障现象，分析系统电路图，列举故障可能，并按照正确的流程、利用合适的测试设备进行正确的测量，从而发现故障所在。

迈腾对车窗玻璃升降器控制系统工作状态实施监测，如果车窗玻璃升降器工作状态发生异常，各车门控制单元会根据检测到的信号状态产生一个相对应的故障代码，存储于单元的

RAM 中，以备解码器调用，分析故障代码就可以基本确定故障部位。

四、诊断流程

面对车窗玻璃升降器所发生的各种故障，诊断及处理失误将给企业和个人造成相当大的损失。正确的诊断及处理，不可能来自于盲目的主观臆断，而应该建立在获取与故障有关信息的基础上，依据迈腾舒适系统、CAN 总线系统、LIN 总线系统的工作原理以及控制结构，运用科学的分析方法，按照合理的步骤进行综合分析，去伪存真、舍次取主，排除故障"受害者"，找出故障"肇事者"，这才是提高故障诊断准确性的关键所在。为了便于分析，不至于被众多杂乱无章的信息扰乱思路，需要结合电路原理图，遵从以下流程进行诊断维修。

迈腾车窗玻璃升降器异常诊断流程，见表 1-1。

表 1-1 迈腾车窗玻璃升降器异常诊断流程

步骤	操作	结果		备注
1	确认 +B 大于 11.5V	正常转步骤 2	不正常给蓄电池充电或更换	确保蓄电池正负极接头连接牢靠，不脏污
2	打开点火开关至 ON 档，仪表显示应正常点亮	正常转步骤 3	仪表显示不正常首先结合电路图、手册维修仪表显示异常故障	因为仪表显示异常可能为数据总线、+15 信号存在故障，会导致一系列故障
3	操作 E512 上的驾驶人侧玻璃升降器开关，车窗玻璃应能正常手动上升、自动上升、手动下降、自动下降	正常转步骤 4	异常转步骤 8	检查异常部位时首先对插接器进行检查
4	操作 E512 上的前排乘员侧玻璃升降器开关，车窗玻璃应能正常手动上升、自动上升、手动下降、自动下降；操作前排乘员侧车门上的玻璃升降器开关，车窗玻璃应能正常手动上升、自动上升、手动下降、自动下降	正常转步骤 5	异常转步骤 8	通过两个开关操作后的现象判断基本故障部位
5	操作 E512 上的左后侧玻璃升降器开关，车窗玻璃应能正常手动上升、自动上升、手动下降、自动下降；操作左后侧车门上的玻璃升降器开关，车窗玻璃应能正常手动上升、自动上升、手动下降、自动下降	正常转步骤 6	异常转步骤 8	通过两个开关操作后的现象判断基本故障部位
6	操作 E512 上的右后侧玻璃升降器开关，车窗玻璃应能正常手动上升、自动上升、手动下降、自动下降；操作右后侧车门上的玻璃升降器开关，车窗玻璃应能正常手动上升、自动上升、手动下降、自动下降	正常转步骤 7	异常转步骤 8	通过两个开关操作后的现象判断基本故障部位
7	操作 E512 上的儿童安全锁按钮 E318，驾驶人侧玻璃升降器开关应能对所有后侧玻璃进行控制，而所有后侧车门开关不能操作对应的车窗玻璃	正常转步骤 13	异常转步骤 8	通过后部左、右个开关操作后的现象判断基本故障部位

（续）

步骤	操作	结果		备注
8	连接故障诊断仪器，读取故障代码	正常读取，转步骤9	无法读取故障代码，转步骤10 无故障代码转步骤11	
9	根据实施维修里故障代码进行、诊断、维修	正常转步骤12		
10	检测OBD-II诊断接口及相关电路	正常转步骤8	执行"OBD-II诊断接口"诊断	使用连线时，如果解码器不亮或者使用无线传输方式时怀疑无线单元不能通信时进行该诊断
10	检测舒适CAN总线通信	正常转步骤8	执行"舒适CAN总线通信"诊断	
11	插接器检查	正常转步骤12	不正常维修故障部位	包括外观、退针、锈蚀等项目
11	结合维修手册、电路图对故障系统供电、接地电路进行电压、通断测量	正常转步骤12	不正常维修故障部位	测量项目包括对地电压、电阻和端对端电阻
12	故障检验	正常转步骤13	不正常转步骤8	
13	维修完成			

五、实施维修

1. 根据故障代码提示进行维修

利用解码器读取故障代码，按照本资源库中提供的针对每个故障代码制定的诊断流程进行故障诊断。

2. 电路检测

根据系统的结构原理，对遥控钥匙、车载电网控制单元J519、数据总线诊断接口J533、进入及起动系统接口J965、车门控制单元（四个）、玻璃升降器电动机（四个）、玻璃升降器开关（四个）等电路进行检测，检测方法参照本资源库的相关内容。

3. 部件检测

根据系统的结构原理，对遥控钥匙、车载电网控制单元J519、数据总线诊断接口J533、进入及起动系统接口J965、车门控制单元（四个）、玻璃升降器电动机（四个）、玻璃升降器开关（四个）等元器件进行检测，检测方法参照本资源库的相关内容。

六、总结拓展

技术报告：参照高职大赛工作页完成诊断报告，教师应根据需要设置好故障点，也可根据本课件中提供的实际案例制定标准答案。

拓展实训：教师可以在车辆上给学生设置相类似的其他故障，让学生独立完成，以考核学生的掌握水平。

1.1 玻璃升降器控制系统的组成与工作原理

一、玻璃升降器控制系统的组成

迈腾玻璃升降器电动机通过各车门控制单元分别进行控制,如图1-7所示,整个控制系统包含以下元器件和控制单元:遥控钥匙、车载电网控制单元J519、数据总线诊断接口J533、进入及起动系统接口J965、车门控制单元(四个车门分别一个)、玻璃升降器电动机(四个车门分别一个)、玻璃升降器开关(四个车门上都有一个或一组)。

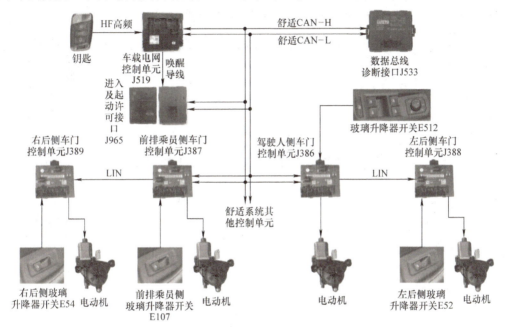

图1-7 迈腾玻璃升降器结构组成

1. 驾驶人侧玻璃升降器操作开关 E512

如图1-8所示为迈腾驾驶人侧玻璃升降器操作开关E512,它主要包含以下开关元件:

图1-8 迈腾驾驶人侧玻璃升降器操作开关E512

1)驾驶人侧玻璃升降器控制开关。

2)前排乘员侧玻璃升降器控制开关。

3)左后侧玻璃升降器控制开关。

4)右后侧玻璃升降器控制开关。

5)儿童安全锁按钮。

6)后视镜调节、转换开关。

注意:本节只讲玻璃升降器控制和儿童锁控制。

如图1-9所示为迈腾驾驶人侧玻璃升降器操作开关E512电路原理图,从中可以看出,为了减少普通电路连接数量,迈腾玻璃升降器控制开关采用分压方式,将通常的四根信号线(上升、自动上升、下降、自动下降)采用一根信号线输出。

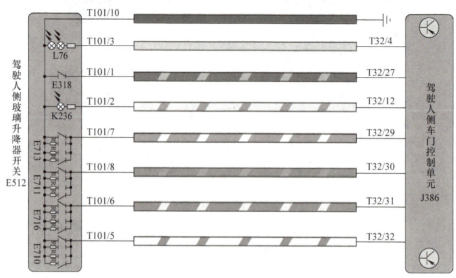

图1-9　迈腾驾驶人侧玻璃升降器操作开关E512电路原理图

在每个开关电路上串有不同的电阻,操作开关在不同的档位(上升、自动上升、下降、自动下降)时,通过不同的分压电阻将车门控制单元发出的、作为基准的方波信号电压改变,控制单元将这些输入的方波信号幅值电压和其内部预先存储的玻璃升降器图谱动作数据(上升、自动上升、下降、自动下降)电压对比,如果和哪一个图谱动作数据电压对比成功,将控制玻璃升降器相应的(上升、自动上升、下降、自动下降)动作。

按下E512上的玻璃升降器锁止开关E318,J386检测到开关开启信号,并将这个模拟信号转换为数字信号,通过LIN局域网发送给左后侧车门控制单元J388,此时当J388接收到来自于自身车门上的升降器控制开关E52的信号时,将不会执行左后侧车门玻璃升降电动机动作控制,左后侧玻璃将无法上升或下降。同时,J386将数字信号通过舒适CAN总线发送给前排乘员侧车门控制单元J387,J387再通过LIN线发送给右后侧车门控制单元J389,此时当J389接收到来自于自身车门上的升降器控制开关E54的信号时,将不会执行右后侧车门玻璃升降电动机动作控制,右后侧车门玻璃将无法上升或下降。

注意:玻璃升降器锁止开关E318开启后,E512中的E711、E713还可以继续控制两个后门玻璃动作。

2. 前排乘员侧、左后侧、右后侧车门上的玻璃升降器操作开关

迈腾前排乘员侧、左后侧、右后侧车门上分别安装有只能控制自身车门玻璃升降器的单体操作开关，如图 1-10 所示，其工作电路图如图 1-11～图 1-13 所示。其结构原理和驾驶人侧玻璃升降器操作开关 E512 基本一样，也是采用分压信号的方式实现不同的功能控制。

3. 儿童安全锁按钮 E318

如图 1-14 所示为迈腾轿车上安装的儿童安全按钮，它是为保证乘车儿童安全的一种主动安全装置，防止车辆行驶过程中儿童开启后部车窗产生的危险。在儿童安全锁按钮锁止情况下，只有驾驶人侧控制开关才能控制所有后侧玻璃车窗，所有后门上的玻璃车窗玻璃升降器开关无法控制对应的玻璃车窗。

图 1-10　迈腾前排乘员侧、左后侧、右后侧车门上的玻璃升降器操作开关

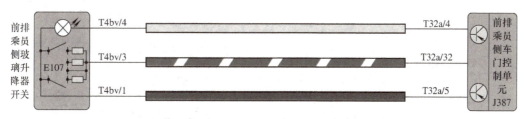

图 1-11　迈腾前排乘员侧玻璃升降器操作开关电路原理图

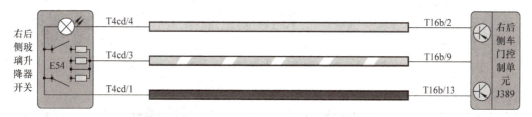

图 1-12　迈腾右后侧玻璃升降器操作开关电路原理图

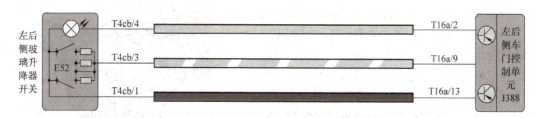

图 1-13　迈腾左后侧玻璃升降器操作开关电路原理图

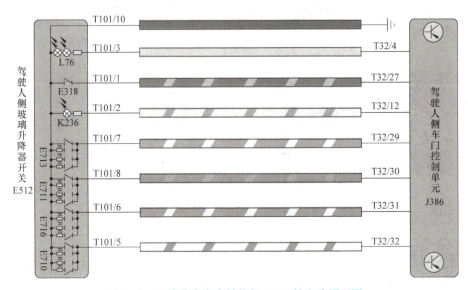

图1-14 迈腾儿童安全锁按钮E318的电路原理图

其结构原理和驾驶人侧玻璃升降器操作开关E512基本一样,也是采用分压信号的方式实现不同的功能控制。

4. 玻璃升降器电动机

如图1-15所示为迈腾玻璃升降器电动机,从上一代的控制单元、电动机为一体的结构中将电动机分离出来,采用单独控制,这将使得玻璃升降器机械结构有了更多的布局结构设计。

玻璃升降器电动机采用直流永磁电动机,电动机的定子上安装有固定的主磁极和电刷,转子上安装有电枢绕组和换向器。直流电源的电能通过电刷和换向器进入电枢绕组,产生电枢电流,电枢电流产生的磁场与主磁场相互作用产生

图1-15 迈腾玻璃升降器电动机

电磁转矩，使电动机旋转带动负载。

运行时转动的部分称为转子，其主要作用是产生电磁转矩和感应电动势，是直流电动机进行能量转换的枢纽，所以通常又称为电枢，由转轴、电枢铁心、电枢绕组、换向器等组成，如图1-16所示。

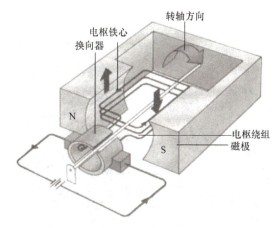

图1-16　直流碳刷电动机结构原理图

迈腾玻璃升降器电动机采用双源控制，系统在控制时，通过改变电动机上的两个电源线极性方向（+、-），电动机的转动方向将改变，随之车窗玻璃将会在滑道内上升或者下降，如图1-17~图1-20所示为每个车门玻璃升降器电动机与控制单元之间的连接路。

图1-17　迈腾驾驶人侧玻璃升降器电动机电路原理图

图1-18　迈腾前排乘员侧玻璃升降器电动机电路原理图

图1-19　迈腾左后侧玻璃升降器电动机电路原理图

图1-20　迈腾右后侧玻璃升降器电动机电路原理图

5. 驾驶人侧车门控制单元 J386

如图 1-21 所示为驾驶人侧车门控制单元 J386，其主要功能是根据各种输入信号控制玻璃升降器电动机、中控门锁、后视镜、转向信号灯等执行器的工作，其信号输入端组成和主要作用见表 1-2。

图 1-21　迈腾驾驶人侧车门控制单元 J386

表 1-2　驾驶人侧车门控制单元 J386 的输入信号

序号	元件	信号
1	玻璃升降器开关	驾驶人侧玻璃升降器手动、自动上升或下降
		前排乘员侧玻璃升降器手动、自动上升或下降
		左后侧玻璃升降器手动、自动上升或下降
		右后侧玻璃升降器手动、自动上升或下降
		两个后门玻璃升降器动作锁止
2	门锁功能开关 F2	驾驶人侧车门状态（开或关）
3	门锁功能开关 F241	驾驶人侧车门机械锁机构开启、关闭状态
4	门锁功能开关 F243	驾驶人侧车门锁驱动机构的状态
5	记忆操纵单元（选装）	后视镜位置记忆控制
6	后视镜位置传感器（选装）	后视镜位置记忆
7	行李舱开关 E164	行李舱开启
8	油箱盖开关 E204	油箱盖开启
9	儿童安全锁按钮 E318	后车门儿童安全锁开启
10	后视镜调节转换开关 E48	后视镜左右调节选择
11	后视镜调节开关 E43	单侧后视镜左、右、上、下调节
12	后视镜收折开关 E168	后视镜折叠收起
13	车外后视镜加热按钮 E231	车外后视镜加热
14	CAN 总线信号	转向、后视镜调节、中控门锁、玻璃升降器、氛围灯等驱动指令输入

其信号输出端组成及功能，见表 1-3。

表 1-3　驾驶人侧车门控制单元 J386 功能

序号	元件	动作
1	驾驶人侧玻璃升降器	驾驶人侧玻璃手动、自动上升或下降
	前排乘员侧玻璃升降器	前排乘员侧玻璃手动、自动上升或下降
	左后侧玻璃升降器	左后侧玻璃手动、自动上升或下降
	右后侧玻璃升降器	右后侧玻璃手动、自动上升或下降
2	中控门锁执行元件（电动机）	车门开启、锁止
3	后视镜调节电动机	后视镜左、右、上、下调节
4	后视镜收折电动机	后视镜折叠、收起
5	加热式车外后视镜	后视镜加热
6	车门开启照明灯	车门开启照明点亮
7	上车灯	上车灯点亮
8	转向灯	后视镜上左转向信号灯闪烁

6. 前排乘员侧车门控制单元 J387

如图 1-22 所示为前排乘员侧车门控制单元 J387，其主要功能是根据各种输入信号控制玻璃升降器电动机、中控门锁、后视镜、转向信号灯等执行器的工作，其信号输入端组成和主要作用见表 1-4。

图 1-22　迈腾前排乘员侧车门控制单元 J387

表 1-4　前排乘员侧车门控制单元 J387 的输入信号

序号	元件	信号
1	玻璃升降器开关	前排乘员侧玻璃升降器手动、自动上升或下降
2	门锁功能开关 F3	前排乘员侧车门状态（开或关）
3	门锁功能开关 F244	前排乘员侧车门锁驱动机构的状态
4	后视镜位置传感器（选装）	后视镜位置记忆
5	CAN 总线信号	转向、后视镜调节、中控门锁、玻璃升降器、氛围灯等驱动指令输入

其信号输出端组成及功能,见表 1-5。

表 1-5　前排乘员侧车门控制单元 J387 功能控制

序号	元件	动作
1	前排乘员侧玻璃升降器	前排乘员侧玻璃手动、自动上升或下降
2	中控门锁执行元件(电动机)	前排乘员侧车门开启、锁止
3	后视镜调节电动机	后视镜左、右、上、下调节
4	后视镜收折电动机	后视镜折叠、收起
5	加热式车外后视镜	后视镜加热
6	车门开启照明灯	车门开启照明点亮
7	上车灯	上车灯点亮
8	转向灯	后视镜上右转向信号灯闪烁

7. 后侧车门控制单元 J388、J389

如图 1-23 所示为左后侧车门控制单元 J388、右后侧车门控制单元 J389,其主要功能是根据各种输入信号控制玻璃升降器电动机、中控门锁、氛围灯等执行器的工作,其信号输入端组成和主要作用见表 1-6。

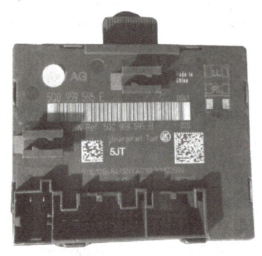

图 1-23　迈腾后侧车门控制单元 J388、J389

表 1-6　左后侧、右后侧车门控制单元信号输入

序号	元件	信号
1	玻璃升降器开关	左后侧、右后侧玻璃升降器上升或下降
2	LIN 总线信号	中控门锁、玻璃升降器、氛围灯等驱动指令输入

其信号输出端组成及功能,见表 1-7。

表 1-7　左后侧、右后侧车门控制单元功能控制

序号	元件	动作
1	玻璃升降器	左后侧、右后侧玻璃上升或下降
2	中控门锁执行元件(电动机)	左后侧、右后侧车门开启、锁止
3	车门开启照明灯	车门开启照明点亮
4	上车灯	上车灯点亮
5	后烟灰缸照明灯泡	烟灰缸照明灯泡点亮

二、玻璃升降器控制系统的工作原理

1. 控制功能

迈腾玻璃升降器控制系统的主要功能有以下几个。

1）车窗玻璃手动上升。
2）车窗玻璃自动上升。
3）车窗玻璃手动下降。
4）车窗玻璃自动下降。
5）儿童安全锁。
6）车窗玻璃防夹手。

2. 工作过程

分驾驶人侧、前排乘员侧、左后侧、右后侧四个车门玻璃升降器进行讲解。

（1）驾驶人侧玻璃升降器

如图 1-24 所示为驾驶人侧玻璃升降器控制原理图，驾驶人侧玻璃升降器操作开关 E710 安装在 E512 上，当向上拉动开关至一档（代表手动上升）、向上拉动开关至二档（代表自动上升）、向下按动开关至一档（代表手动下降）、向下按动开关至二档（代表自动下降），开关就会将 J386 提供的 0V~+B 的方波信号（基准）幅值电压分压后作为信号输送给 J386，J386 将此信号转变成数字信号，并根据内部的程序控制驾驶人侧玻璃升降器电动机的运行。

图 1-24　迈腾驾驶人侧玻璃控制过程

（2）前排乘员侧玻璃升降器

如图 1-25 所示迈腾前排乘员侧玻璃升降器控制过程，从中可以看出，前排乘员侧玻璃升降器电动机受控于两个开关，一个是位于驾驶人侧的玻璃升降器总开关 E512 的分开关 E716，一个是位于前排乘员侧车门上的单体开关 E107，两个开关的控制路径不同。

1）利用驾驶人侧玻璃升降器分开关 E716 进行控制。

当操作 E512 上的前排乘员侧玻璃升降器控制开关 E716 时，不管向上拉动开关至一档（代表手动上升）、向上拉动开关至二档（代表自动上升）、向下按动开关至一档（代表手动下降），还是向下按动开关至二档（代表自动下降），开关就会将 J386 提供的 0V~+B 的方波信号（基准）幅值电压分压后作为信号输送给 J386，J386 将此信号转变成数字信号，通过舒适 CAN 总线传送给前排乘员侧车门控制单元 J387，J387 根据内部的程序控制前排乘员侧玻璃升降器电动机的运行。

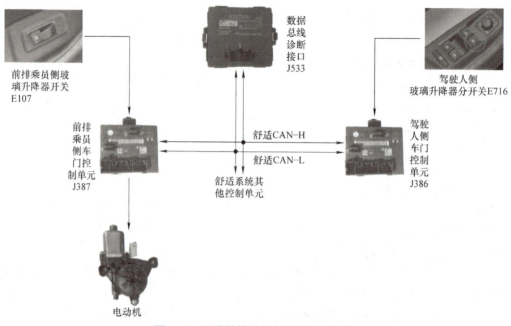

图 1-25　迈腾前排乘员侧玻璃控制过程

2）利用前排乘员侧玻璃升降器开关 E107 进行控制。

如图 1-26 所示为利用 E107 控制前排乘员侧玻璃升降的控制原理图，当操作前排乘员侧车门面板上的车窗玻璃升降器控制开关 E107 时，不管向上拉动开关至一档（代表手动上升）、向上拉动开关至二档（代表自动上升）、向下按动开关至一档（代表手动下降），还是向下按动开关至二档（代表自动下降），开关就会将 J387 提供的 0V~+B 的方波信号（基准）幅值电压分压后作为信号输送给前排乘员侧车门控制单元 J387，J387 将此信号转变成数字信号，并根据内部的程序控制前排乘员侧玻璃升降器电动机的运行。

图 1-26　利用 E107 控制前排乘员侧玻璃升降的控制原理

（3）左后侧玻璃升降器

左后侧玻璃升降器电动机受控于两个开关，一个是位于驾驶人侧的玻璃升降器总开关 E512 的分开关 E711，一个是位于左后侧车门上的单体开关 E52，两个开关的控制路径不同。

1）利用驾驶人侧的分开关 E711 进行控制。

如图 1-27 所示为驾驶人侧的分开关 E711 控制原理图，从中可以看出，当操作 E711 开关时，不管向上拉动开关至一档（代表手动上升）、向上拉动开关至二档（代表自动上升）、向下按动开关至一档（代表手动下降），还是向下按动开关至二档（代表自动下降），开关就会将 J386 提供的 0V~+B 的方波信号（基准）幅值电压分压后作为信号输送给驾驶人侧车门控制单元 J386，J386 将此信号转变成数字信号，通过 LIN 总线传送给左后侧车门控制单元

J388，J388 根据内部的程序控制左后侧玻璃升降器电动机的运行。

2）利用左后侧玻璃升降器开关 E52 进行控制。

如图 1-28 所示为左后侧玻璃升降器开关 E52 控制原理图，当儿童安全锁开关不起作用、操作 E52 开关时，不管向上拉动开关至一档（代表手动上升）、向上拉动开关至二档（代表自动上升）、向下按动开关至一档（代表手动下降），还是向下按动开关至二档（代表自动下降），开关就会将 J388 提供的 0V~+B 的方波信号（基准）幅值电压分压后作为信号输送给左后侧车门控制单元 J388，J388 将此信号转变成数字信号，并根据内部的程序控制左后侧玻璃升降器电动机的运行。

注意：E52 能进行有效控制的前提是 J388 处于激活状态，因此要注意 J388 的激活条件。

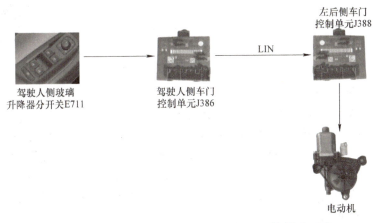

图 1-27　驾驶人侧玻璃升降器分开关 E711 控制原理图

图 1-28　左后侧玻璃升降器开关 E52 控制原理图

（4）右后侧玻璃升降器

右后侧玻璃升降器电动机受控于两个开关，一个是位于驾驶人侧的玻璃升降器总开关 E512 的分开关 E713，一个是位于右后侧车门上的单体开关 E54，两个开关的控制路径不同。

1）利用驾驶人侧的分开关 E713 进行控制。

当操作 E512 上的右后侧玻璃升降器控制开关 E713 时，不管向上拉动开关至一档（代表手动上升）、向上拉动开关至二档（代表自动上升）、向下按动开关至一档（代表手动下降），还是向下按动开关至二档（代表自动下降），开关就会将 J386 提供的 0V~+B 的方波信号（基准）幅值电压分压后作为信号输送给驾驶人侧车门控制单元 J386，J386 将此信号转变成数字信号，通过舒适 CAN 总线传送给前排乘员侧车门控制单元 J387，再通过 LIN 总线传送给右后侧车门控制单元 J389，J389 根据内部的程序控制右后侧玻璃升降器电动机的运行，如图 1-29 所示。

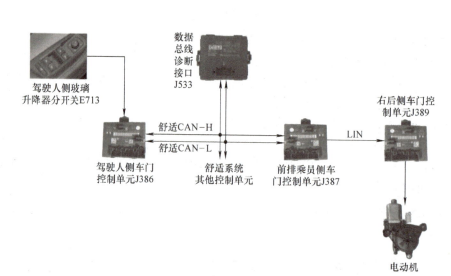

图 1-29 迈腾右后侧玻璃控制过程（E512 上）

2）利用右后侧玻璃升降器开关 E54 进行控制

当儿童安全锁开关 E318 不起作用、操作右后侧车门面板的车窗玻璃升降器控制开关 E54 时，不管向上拉动开关至一档（代表手动上升）、向上拉动开关至二档（代表自动上升）、向下按动开关至一档（代表手动下降），还是向下按动开关至二档（代表自动下降），开关就会将 J389 提供的 0V~+B 的方波信号（基准）幅值电压分压后作为信号输送给右后侧车门控制单元 J389，J389 将此信号转变成数字信号，并根据内部的程序控制右后侧玻璃升降器电动机的运行，如图 1-30 所示。

图 1-30 迈腾右后侧玻璃控制过程（右后侧车门上）

（5）儿童安全锁控制

如图 1-31 所示为迈腾儿童安全锁控制过程，从中可以看出，当操作 E512 上的儿童安全锁按钮 E318 时，如果是初次按下 E318，代表驾驶人想让所有后侧车门玻璃动作锁止，如果再次按下 E318，代表驾驶人想让所有后侧车门玻璃动作解锁，此时开关就会将不同的电压信号输送给驾驶人侧车门控制单元 J386。

J386 在接收到 E318 的信号后，将此信号转变成数字信号，一方面通过 J386 与左后侧车门控制单元 J388 之间的 LIN 总线传送给 J388，J388 根据信号指令看是否锁止左后侧玻璃升降器电动机的运行；另一方面通过 J386 与前排乘员侧车门控制单元 J387 之间的舒适 CAN 总线传送给 J387，再通过 J387 与右后侧车门控制单元 J389 之间的 LIN 总线传送给 J389，J389 根据信号指令看是否锁止右后侧玻璃升降器电动机的运行。

任务1　玻璃升降器控制系统及检修

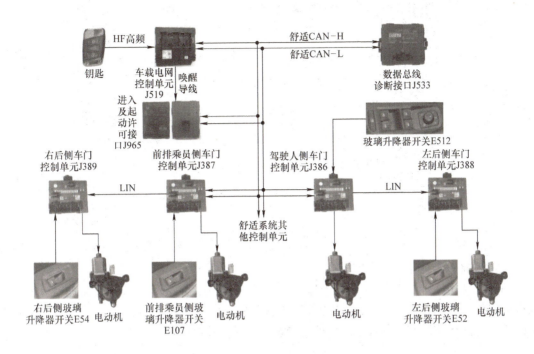

图1-31　迈腾儿童安全锁控制过程

（6）车窗玻璃防夹手控制

迈腾车窗玻璃在手动上升和自动上升过程中都带有防夹手功能。

电动车窗玻璃在上升过程中的阻力变化与车窗玻璃到达终端的阻力不一样，后者的阻力远远大于前者阻力，当玻璃上升过程中，夹住物体，由于阻力增大且变化（电动机电流增大和变化），控制单元检测到阻力（电流）增大、变化，立即改变电动机控制方向，车窗玻璃立即下降至中间位置。而车窗玻璃到达终端（顶部或底部）时阻力基本恒定（电动机电流恒定），且到达终端时电动机电流过载，控制单元检测到这个过载电流后停止电动机供电，车窗玻璃完全关闭或打开。

1.2　玻璃升降器开关常见故障的诊断与排除

注：以玻璃升降器开关E710为例进行讲解。

如图1-32所示为迈腾玻璃升降器开关控制电路原理图，从中可以看出，玻璃升降器开关E710内部为电阻分压结构，开关处于不同的档位时，信号电路上就会产生一个对应的电压。

驾驶人侧车门控制单元J386通过T32/32端子输出一个0V~+B的方波参考电压给驾驶人侧玻璃升降器控制按钮E710的T101/5端子，同时通过T101/10端子为开关提供接地回路。操作开关至（上升、自动上升、下降、自动下降）时，T101/5端子至T32/32端子这条电路上的信号幅值会产生相应的变化，J386监测电路上的信号幅值变化，根据此电压确认开关处于哪种状态（上升、自动上升、下降、自动下降），从而控制升降器电动机做相应的运转。

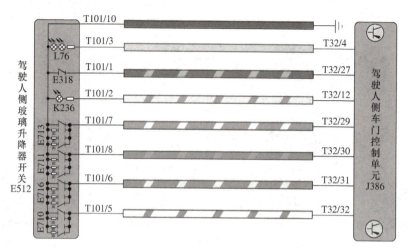

图 1-32　迈腾玻璃升降器开关控制电路图

故障现象：

打开点火开关，操作驾驶人侧玻璃升降器开关 E710，发现驾驶人侧车窗玻璃没有任何动静；操作 E512 上的其他开关，发现这些开关均能正常控制相应的执行器；关闭点火开关，锁闭车门，操作遥控器，所有车窗玻璃均能正常升降，其余正常。

故障分析：

如图 1-33 所示为迈腾驾驶人侧玻璃控制过程示意图，从中可以看出，关闭点火开关，锁闭车门，操作遥控器，所有车窗玻璃均能正常升降，说明 J386 到驾驶人侧玻璃升降器电动机之间电路、电动机本身工作正常。操作 E512 上的其他开关，发现这些开关均能正常控制相应的执行器，说明 E512 开关总成的接地电路工作正常。由此，造成故障现象的可能原因为：

1）E710 自身故障。

2）E710 与 J386 之间电路故障。

3）J386 自身故障。

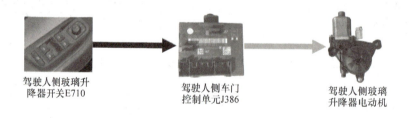

图 1-33　迈腾驾驶人侧玻璃控制过程

诊断过程：

第一步：读取故障代码，发现没有相关故障记忆。

第二步：读取诊断数据流，发现 E710 的输入信号没有任何变化，说明之前的分析是正确的。

第三步：测量 J386 端的 E710 信号输入。

打开点火开关，上、下操作 E710，测量 J386 的 T32/32 端子对地电压波形，正常情况下，在不同档位,信号的幅值会发生相应的变化,否则说明故障存在,可以按照表 1-8 中的方法进行诊断。

表 1-8　J386 的 T32/32 端子对地电压波形测试

可能性	测试条件	实测结果	状态	操作
1	开关至上升 2 档	约 3% 幅值	正常	考虑更换 J386
	开关至上升 1 档	约 60% 幅值		
	无操作	100% 幅值		
	开关至下降 1 档	约 8% 幅值		
	开关至下降 2 档	0V 幅值		
2	开关至上升 2 档	始终 100% 幅值	异常	说明测试点与 E710 之间电路断路、E710 自身故障,应先测量 E710 开关的信号输出
	开关至上升 1 档			
	无操作			
	开关至下降 1 档			
	开关至下降 2 档			
3	开关至上升 2 档	始终 0V 直线	异常	说明 J386 自身故障或者信号电路对地短路,应先测量信号电路对地电阻
	开关至上升 1 档			
	无操作			
	开关至下降 1 档			
	开关至下降 2 档			
4	开关至上升 2 档	部分档位信号正常,部分异常		说明开关自身存在故障,应考虑更换 E512
	开关至上升 1 档			
	无操作			
	开关至下降 1 档			
	开关至下降 2 档			

第四步:测量玻璃升降器按钮 E710 端的信号输出。

打开点火开关,上、下操作 E710,测量 E710 的 T101/5 端子对地电压波形,正常情况下,在不同档位，信号幅值会发生相应的变化，否则说明故障存在，可按照表1-9中的方法进行诊断。

表1-9　E710的T101/5端子对地电压波形测试

可能性	测试条件	实测结果	状态	操作
1	开关至上升2档	始终0V直线	异常	如果上步信号幅值为+B，说明J386与E710之间电路断路，可以检查电路导通性
	开关至上升1档			
	无操作			
	开关至下降1档			
	开关至下降2档			
2	开关至上升2档	始终100%幅值	异常	说明E710内部断路，应考虑更换E512
	开关至上升1档			
	无操作			
	开关至下降1档			
	开关至下降2档			

第五步：检查按钮E710的T101/5端子与J386的T32/32端子间电路的导通性。

关闭点火开关，拔下按钮E710和J386插接器，该导线端对端电阻应近乎为零，否则说明故障存在，可以按照表1-10中的方法进行诊断。

表1-10　E710的T101/5与J386端子的T32/32端子间电路的导通性测试

可能性	实测结果	状态	可能原因	操作
1	近乎为零	正常	线束插接器故障	检修插接器
2	无穷大	异常	电路断路	检修电路
3	大于2Ω		电路虚接	

第六步：检测按钮E710的T101/5端子对应的电路对地电阻，见表1-11。

关闭点火开关，断E710的T101与控制单元J386的T32插接器，检查导线对地电阻状态，正常情况下应为无穷大，否则说明故障存在，可以按照表1-12中的方法进行诊断。

表1-11　E710的T101/5端子电路对地电阻测试

步骤	测试部位	实测结果	状态	可能原因	操作
1	测量E710的T101/5端子对地电阻	无穷大	正常	—	转本表第2步
		近乎为零	异常	电路对地短路	维修电路
2	连接J386的T32插接器，测量E710的T101/5端子对地电阻	无穷大	正常	—	转本表第3步
		近乎为零	异常	J386内部对地短路	更换J386
3	连接E710的T101插接器，测量E710的T101/5端子对地电阻	无穷大	正常	—	维修结束
		近乎为零	异常	E710内部对地短路	更换E710总成

表 1-12　车窗玻璃升降器开关及电路常见的故障

序号	故障性质
1	E710 损坏
2	E710 信号电路断路
3	E710 信号电路虚接
4	E710 信号电路对地短路
5	车窗玻璃升降器开关的（T101/10）接地电路断路
6	车窗玻璃升降器开关的（T101/10）接地电路虚接
7	驾驶人侧车门控制单元 J386 故障

第七步：检测按钮开关 E710 各档位电阻。

关闭点火开关，先断开按钮开关 E710 插接器，在自动上升、手动上升、无操作、手动下降、自动下降档位下，测量阻值的变化，如果任何一个档位时的阻值不符合要求，则需要更换 E710。

练习题：请指导老师在表 f12 故障列表中选择合适的故障点，要求学生完成并填写诊断报告。

1.3　玻璃升降器电动机常见故障的诊断与排除

从迈腾玻璃升降器电动机控制电路原理图（图 1-34）上可以看出，通过车门控制单元控制玻璃升降器电动机的两个供电电路电流方向，实现电动机的正反转。

图 1-34　迈腾玻璃升降器电动机控制电路图

驾驶人侧车门控制单元 J386 通过其 T6r/6 端子至玻璃升降器电动机的 T3f 1/2 端子之间的电路连接至电动机的一端碳刷，同时其 T6r/3 端子至玻璃升降器电动机的 T3f 1/3 端子之间的电路连接至电动机的另一端碳刷。操作开关至（上升、自动上升、下降、自动下降）时，两条电路输出电压相反，驱动电动机正向或反向运转。

故障现象：

在操作遥控器按键时，除驾驶人侧车门以外所有的玻璃升降器均可以正常升降；操作驾驶人侧车门玻璃升降器开关 E710，驾驶人侧车门玻璃升降器也不能上升或下降；驾驶人侧车门控制单元别的功能正常。

故障分析：

两种情况下，驾驶人侧车门玻璃升降器电动机均不能正常工作，基于故障概率，加之驾驶人侧车门控制单元别的功能正常，说明 J386 供电正常，则造成电动机不能运转的原因为：

1）J386 自身故障。

2）J386 与电动机之间电路故障。

3）电动机自身故障。

诊断过程：

第一步：打开点火开关，读取故障记忆，发现没有故障代码。

第二步：测量电动机端的 T3f 1/2 端子和 T3f 1/3 端子之间电压。

打开点火开关，上、下操作驾驶人侧玻璃升降器开关，测量电动机端的 T3f 1/2 端子和 T3f 1/3 端子之间电压，正常情况下应测得正或负的 +B 电压，否则说明故障存在，可以参照表 1-13 中的方法进行诊断。

表 1-13　驾驶人侧玻璃升降器电动机端的 T3f 1/2 端子和 T3f 1/3 端子之间电压测试

可能性	测试条件	实测结果	状态	操作
1	开关至上升档位	−B（或 +B）	正常	检测玻璃升降器电动机电阻（单件测试）
	开关至下降档位	+B（或 −B）		
2	开关至上升档位	0V	异常	进行电路导通性检查
	开关至下降档位	0V		
3	开关至上升档位	除 −B（或 +B）以外的任意电压值	异常	进行电路导通性检查
	开关至下降档位	除 +B（或 −B）以外的任意电压值		

第三步：测量车门控制单元端的 T6r/6 端子和 T6r/3 端子之间电压。

打开点火开关，上、下操作驾驶人侧玻璃升降器开关，测量车门控制单元端的 T6r/6 端子和 T6r/3 端子之间电压，正常情况下应测得正或负的 +B 电压，否则说明故障存在，可以参照表 1-14 中的方法进行诊断。

表 1-14　T6r/6 端子和 T6r/3 端子之间电压测试

可能性	测试条件	实测结果	状态	可能原因	操作
1	开关至上升档位	−B	正常	电路断路或虚接故障	电路检查
	开关至下降档位	+B			
2	开关至上升档位	0V	异常	控制单元故障	更换
	开关至下降档位	0V			
3	开关至上升档位	除 −B 以外任意电压	异常	控制单元故障	更换
	开关至下降档位	除 +B 以外任意电压			

第四步：电路导通性检查。

1）检查车门控制单元端的 T6r/6 端子与玻璃升降器电动机端的 T3f 1/2 端子间电路的导通性。

关闭点火开关，拔下玻璃升降器电动机和车门控制单元插接器，该导线端对端电阻应近乎为零，否则说明故障存在，可以参照表 1-15 中的方法进行诊断。

表 1-15　T6r/6 端子与玻璃升降器电动机端的 T3f 1/2 端子间电路的导通性测试

可能性	实测结果	状态	可能原因	操作
1	近乎为零	正常	线束插接器故障	检修插接器
2	无穷大	异常	T6r/6 端子与 T3f 1/2 端子间电路断路	检修电路
3	大于 2Ω	异常	T6r/6 端子与 T3f 1/2 端子间电路虚接	

2）检查车门控制单元端的 T6r/3 端子与玻璃升降器电动机端的 T3f 1/3 端子间电路的导通性。

关闭点火开关，拔下玻璃升降器电动机和车门控制单元插接器，该导线端对端电阻应近乎为零，否则说明故障存在，可以参照表 1-16 中的方法进行诊断。

表1-16　车门控制单元端的T6r/3端子与玻璃升降器电动机端的T3f 1/3端子间电路的导通性测试

可能性	实测结果	状态	可能原因	操作
1	近乎为零	正常	线束插接器故障	检修插接器
2	无穷大	异常	T6r/3端子与T3f 1/3端子间电路断路	检修电路
3	大于2Ω	异常	T6r/3端子与T3f 1/3端子间电路虚接	

第五步：检测玻璃升降器电动机电阻（单件测试）。

关闭点火开关，断开玻璃升降器电动机的T3f1插接器，测试值电动机两端之间的电阻，应为1.3Ω，否则说明故障存在，可以参照表1-17中的方法进行诊断。

表1-17　玻璃升降器电动机电阻测试

测试部位	实测结果	状态	可能原因	操作
测量玻璃升降器电动机T3f 1/2端子和T3f 1/3端子间电阻	无穷大	异常	电动机断路	更换玻璃升降器电动机
	大于1.3Ω	异常	电动机内部虚接	更换玻璃升降器电动机

练习题：请指导老师在表1-18故障列表中选择合适的故障点，要求学生完成并填写诊断报告。

表1-18　玻璃升降器电动机点亮异常的常见故障

序号	故障性质
1	玻璃升降器电动机损坏
2	玻璃升降器电动机T3f 1/2端子信号电路断路
3	玻璃升降器电动机T3f 1/2端子信号电路虚接
4	玻璃升降器电动机T3f 1/2端子信号电路对地短路
5	玻璃升降器电动机T3f 1/3端子信号电路断路
6	玻璃升降器电动机T3f 1/3端子信号电路虚接
7	玻璃升降器电动机T3f 1/3端子信号电路对地短路
8	驾驶人侧车门控制单元J386故障

任务 2
中控门锁控制系统及检修

一、任务描述

迈腾中控门锁控制系统常见的、稳定的故障现象有以下几种。
1）不管是无钥匙进入还是使用遥控器，所有车门均不能闭锁。
2）不管是无钥匙进入还是使用遥控器，所有车门均不能开锁。
3）不管是无钥匙进入还是使用遥控器，所有车门均不能开锁和闭锁。
4）不管是无钥匙进入还是使用遥控器，单个或多个车门均不能开锁和闭锁。
5）不管是无钥匙进入还是使用遥控器，行李舱门均不能开锁和闭锁。
6）不管是无钥匙进入还是使用遥控器，油箱盖均不能开锁和闭锁。
7）无钥匙进入功能无法开启车门，但遥控器可以正常开启车门。
8）无钥匙进入功能无法锁闭车门，但遥控器可以正常锁闭车门。
9）无钥匙进入功能工作正常，但遥控器部分或全部功能失效。
10）无钥匙进入功能和遥控功能工作正常，但机械锁不能正常开闭车门。
11）无钥匙进入功能和遥控功能工作正常，但车内联锁开关无法正常开闭车门。
12）无钥匙进入功能和遥控功能工作正常，但车内行李舱开关无法正常开启行李舱。

二、任务分析

要想完成以上故障的诊断与排除，需要具备以下知识和技能。

1. 相关知识

1）汽车舒适系统的总述。
2）汽车中控门锁控制系统的认知和检测。
3）迈腾网络总线系统的认知和检测。
4）迈腾中控门锁控制系统的组成与工作原理。

2. 相关技能

1）万用表、示波器、解码器等常见设备的使用。
2）维修资料的查阅、电路原理图的识读和分析。
3）常见故障的诊断与排除。
4）5S 管理和操作。

三、故障分析

1. 初步分析

（1）检查车辆初始状态

正常情况下，四个车门、油箱盖、行李舱应正常闭锁，后视镜应正常折叠，所有车窗玻璃应处于正常密封位置，天窗应处于关闭状态，所有车灯应该关闭，散热器风扇应停转。

1）一个或多个车门可打开，实质是上次没法锁闭。

如图2-1所示为迈腾舒适系统控制原理图，从中可以看出：

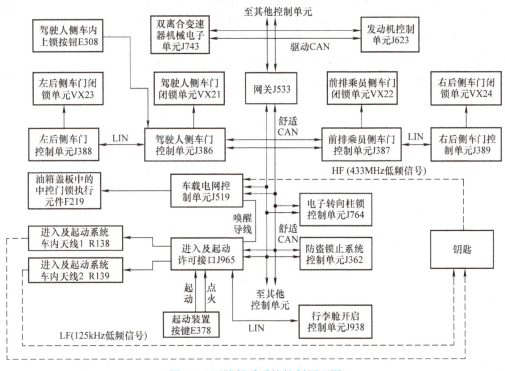

图2-1 迈腾舒适系统控制原理图

① 如果所有车门都能打开，除了驾驶人忘记锁车以外，那就是执行无钥匙锁车失败，或者用遥控器甚至机械锁也不能锁闭车辆，可以参考稍后的无法开锁的故障诊断过程进行分析。

② 如果只是左侧车门能打开，那说明左侧两个车门的门锁机构没有执行闭锁指令，基于故障概率，左侧两个车门的门锁机构、门锁电动机及电路、控制单元及电源同时损坏的概率不高，重点考虑两者的公共部分，即驾驶人侧车门控制单元J386没有接收到来自舒适CAN总线系统的信号，可以结合J386、J388的其他执行器（例如玻璃升降器、后视镜、转向灯、车内氛围灯）的动作判断其舒适CAN总线是否存在故障，通过舒适CAN总线上的其他单元（例如J519、J965、J285等）的动作来判断故障的区域或者性质。

③ 如果只是右侧车门能打开，那说明右侧两个车门的门锁机构没有执行闭锁指令，基于故障概率，右侧两个车门的门锁机构、门锁电动机及电路、控制单元及电源同时损坏的概

率不高，重点考虑两者的公共部分，即前排乘员侧车门控制单元 J386 没有接收到来自舒适 CAN 总线系统的信号，可以结合 J387、J389 的其他执行器（例如玻璃升降器、后视镜、转向灯、车内氛围灯）的动作判断其舒适 CAN 总线是否存在故障，通过舒适 CAN 总线上的其他单元（例如 J519、J965、J285 等）的动作来判断故障的区域或者性质。

④ 如果只是驾驶人侧车门能打开，那说明驾驶人侧车门的门锁机构没有执行闭锁指令，可能原因为驾驶人侧车门的门锁机构、门锁电动机及电路、控制单元 J386，这里要注意左后侧车门可以锁车所能反映的 J386 可以实现正常通信的事实。

⑤ 如果只是前排乘员侧车门能打开，那说明前排乘员侧车门的门锁机构没有执行闭锁指令，可能原因为前排乘员侧车门的门锁机构、门锁电动机及电路、控制单元 J387，这里要注意右后侧车门可以锁车所能反映的 J387 可以实现正常通信的事实。

⑥ 如果只是某后侧车门能打开，那说明某后侧车门的门锁机构没有执行闭锁指令，可能原因为该车门的门锁机构、门锁电动机及电路、控制单元及其电源、通信电路存在故障，此时可以结合该车门控制单元的执行器（例如玻璃升降器或其开关背景灯）来判定后门控制单元电源及其通信是否存在故障。

2）油箱盖可以打开，实质就是上次不能锁闭所致，可能原因为：
① 机械机构损坏导致电动机不能控制。
② 电动机自身及其电路故障。
③ J519 自身、电源、通信故障。

注意：J519 的电源及通信需要结合车门、行李舱锁、警告灯等工作情况综合分析，如果车门可以解锁和闭锁、行李舱可以正常锁闭、警告灯可以正常闪烁，说明 J519 电源及通信没有故障。

3）行李舱可以无钥匙打开，实质是上次未能锁闭，可能原因为：
① 机械机构损坏导致电动机不能控制。
② 电动机自身及其电路故障。
③ J965 自身、电源、通信故障。

注意：有的资料上说行李舱锁直接受控于 J519，有的资料上说直接受控于 J965，是不是有以上两种车型不得而知，但分析的方法基本也是相同的。即 J519 或 J965 的电源及通信需要结合车门、行李舱锁、警告灯等工作情况综合分析，如果车门可以解锁和闭锁、行李舱可以正常锁闭、警告灯可以正常闪烁，说明 J519 或 J965 电源及通信没有故障。

4）后视镜处于展开状态，实质是上次未能折叠。有的车辆在出厂时已经设置成闭锁后后视镜自动折叠，那现在没有折叠就算是系统故障；有的车辆在出厂时已经设置成闭锁后视镜不会自动折叠，那这种情况就属于正常。如果应该折叠而实质上没有折叠，一般情况下包含以下两种情形：

① 两边后视镜都没有折叠，此时可以打开点火开关，操作 E512 上的后视镜折叠开关，如果后视镜可以正常折叠，说明闭锁时后视镜不能折叠的原因为系统功能设置所致；如果后视镜不能折叠，根据故障概率，两种情况下后视镜均不能折叠的原因为：前门控制单元、控制单元与后视镜总成之间的电路或后视镜折叠电动机故障。

② 单边后视镜不能折叠，这属于个性事件，说明某个前门控制单元收到了闭锁控制指令

并且对折叠电动机发出了执行指令,而另外一侧后视镜折叠电动机没有相应的动作,原因可能为:前门控制单元(包含自身、电源、通信)、控制单元与后视镜总成之间的电路或后视镜折叠电动机故障。

注意:前门控制单元的电源和通信是否存在故障,可以参考该侧前门控制单元的其他控制功能(例如后视镜上的转向指示灯)是否正常进行综合诊断。

5)一个或多个车窗玻璃处于敞开位置,也可能是驾驶人忘记所致,也可能是车辆存在故障,有关分析已经在玻璃升降器控制的诊断中讲解完毕,这里不再赘述。

(2)如果以上检查没有问题

接着将钥匙放在距离门把手0.5m范围内,然后用手插入门把手,看四个车门、油箱盖及行李舱是否可以正常打开,接着用手触摸门把手外侧,看四个车门、油箱盖及行李舱是否可以正常锁闭。四个车门分别试一次,综合所有测试结果进行综合诊断。

注意:根据车辆设计或出厂设置的不同,有的车辆在操作每个车门的门把手时均可以开启和锁闭所有车门;而有的车型只有操作前门某个门把手时才可以开启自身车门,别的车门只能在进入车内后操作车内的中控联锁开关才可以开启所有车门,但每个车门的门把手均可以锁闭所有车门;有的车型的后门门把手内没有安装室外天线和触摸传感器。针对每个车型的不同,在诊断时思路会有不同。本节以能开启和锁闭四门两盖的车型为例进行讲解。

如图2-2所示为迈腾无钥匙进入系统的控制逻辑图,正常情况下,当操作车门门把手解锁时,首先钥匙上的指示灯会闪烁,所有车门车均可以打开,行李舱和油箱盖均可开,所有的转向灯闪烁(包括前后及后视镜上的转向灯、仪表上的转向指示灯)、后视镜展开、汽油泵运转一段时间后停转(J271继电器会吸合,但很难观察到油泵运转的动作)。

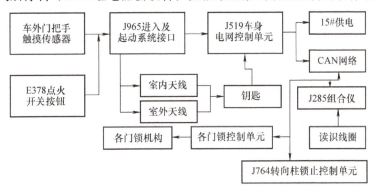

图2-2 迈腾无钥匙进入系统的控制逻辑图

1)钥匙灯不闪烁,同时车辆无反应,说明钥匙没有接收到任何触发信号,根据系统控制路径:G415→J965→R134→钥匙(图2-3),故障可能在:

① G415自身或接地电路故障。

② G415至J965之间电路故障。

③ J965自身故障。

④ J965至R134之间电路故障。

⑤ R134自身故障。

⑥钥匙电池没电。

⑦钥匙损坏。

⑧钥匙错误。

2)钥匙闪烁正常,但车辆无反应。

钥匙闪烁说明钥匙被室外天线触发;而此时车辆的反应一切源于J519的输出,一方面是J519直接让车前后的转向灯闪烁,让油箱盖、行李舱(留意车型)解锁;另一方面是激活舒适CAN总线,并通过CAN总线控制四个车门的控制单元,让车门门锁电动机旋转解锁,让后视镜展开,让后视镜的转向灯闪烁;通过CAN总线让仪表上的转向指示灯闪烁;另外通过网关激活驱动CAN,J623发出指令让J271吸合一段时间。如果车辆无以上反应,根据故障概率,以上所有执行器同时失效的概率很小,应更多应考虑其共同部分,即J519的故障可能,具体包括以下几点:

①钥匙没有发出高频信号。

②J519没有接收到高频信号。

③J519没有对高频信号做出反应。

3)某车门门把手只能开启自身车门,但无法开启别的车门,则可能:

①有设置方面的原因。

②其他车门的门锁机构及其控制存在故障。

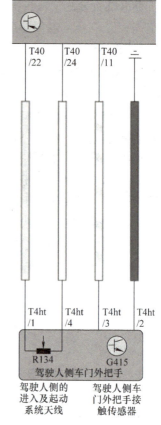

图2-3 车外门把手与J965之间连接图

4)车门可以正常打开,后视镜上的转向灯闪烁正常,但后视镜不能正常展开。

①没有设置这样的功能,折叠是人为折叠的。

②J386至VX4之间、J387至VX5之间存在故障。可以通过车门后视镜调节开关来辅助验证。

5)车门可以正常打开,但J271没有吸合,根据J271的控制流程:J519(通过舒适CAN总线)→J533(通过驱动CAN总线)→J623→J271,故障可能在于:

①J623未接收到激活指令,注意激活信号源。

②J271自身或相关电路故障。

6)车门可以打开,但所有转向灯不闪烁。

注意:解锁时,车上有三种类型的灯光信号可以显示转向及危险报警状态,一类灯是车辆前部和后部的转向灯,直接受控于J519;一类灯是后视镜上的转向灯,通过"J519(通过舒适CAN总线)→J386和J387→转向灯"的路径进行控制;一类是仪表上的转向灯,通过"J519(通过舒适CAN总线)→J285"的路径进行控制。现在是三种路径控制下的转向灯均不能闪烁,根据故障概率,可能原因为J519自身及其电源存在故障。J519的电源是否存在故障可以参照之前的检验项目予以判定,而J519自身最可能的故障,就是自身并没有类似的控制功能,不过这种概率少之又少。

7）车门可以打开，但行李舱不能打开。

根据行李舱锁机构的控制流程，通过其他可以正常工作的排除一些故障可能，尽可能缩小范围。

注意：行李舱还可以通过遥控器按键、室内的专用按钮打开，如果无钥匙进入功能打不开，则可以通过另外两种方法尝试打开，以确定故障范围。

8）车门可以打开，但油箱盖不能打开。

油箱盖锁机构的控制流程，通过其他可以正常工作的排除一些故障可能，尽可能缩小范围，一般原因在于：J519自身、J519与油箱盖控制电动机之间的电路、油箱盖控制电动机自身及其电源故障。

（3）接着把钥匙放在距离门把手0.5m半径范围内

用手触碰门把手凸块，四个车门分别试一次，每个车门应可以闭锁所有车门，同时钥匙指示灯会闪烁、所有的转向灯会闪烁、后视镜可以折叠（取决于设置）、行李舱用手无法打开（注意钥匙在行李舱1.5m以外）、油箱盖无法打开。否则说明故障存在，针对不同的故障现象进行必要的诊断。

（4）接着按压遥控器上的开锁、闭锁和行李舱锁按键

观察钥匙上的指示灯闪烁是否正常。

1）如果指示灯在按压三个键时都不闪烁，则存在以下故障：

① 遥控钥匙电池没电。

② 遥控钥匙（电路板）损坏。

2）如果只是在按压某个按键时，车辆指示灯不能闪烁，则可能是该按键故障。

（5）按压遥控器上的开锁、闭锁和行李舱锁按键，观察车辆外部警告灯闪烁是否正常，如图2-4所示。

1）车辆外部警告灯在开锁和闭锁时都闪烁异常，如果不考虑无钥匙进入的功能检查结果，则可能原因为：

图2-4 迈腾遥控钥匙开锁和闭锁

① 遥控钥匙电池电量不足。

② 遥控钥匙损坏。

③ 遥控钥匙和车辆不匹配。

④ 电磁干扰。

⑤ 车载电网控制单元J519电源、通信、本身故障。

注意：基于故障概率，未考虑所有转向灯及其驱动电路。

如果考虑无钥匙进入的功能检查结果（正常），则可能原因为遥控钥匙按键损坏。

2）如果车辆外部警告灯只在开锁或闭锁时闪烁异常，则遥控钥匙对应的功能按键、内部电路板故障。

（6）接上一步按压遥控器上的开锁或闭锁按键

如图2-5所示，仔细倾听时，是否听到车门锁电动机动作的声音。同时在开锁时，所

有车门应能拉开；在闭锁时，所有车门应不能拉开。

1）如果在开锁或闭锁时前后转向灯闪烁、但无车门锁电动机动作的声音，后视镜上转向灯不亮，折叠不展开，仪表无显示，如果不考虑无钥匙进入的功能检查结果，则可能原因为：

① 车载电网控制单元J519通信（本身）故障，造成无法激活车身系统（可以结合J519的其他依靠CAN总线通信实现的功能是否正常进行综合诊断）。

② 舒适CAN总线故障（可以结合其他依靠CAN总线通信实现的功能是否正常进行综合诊断）。

③ 以下故障同时出现。

a. 驾驶人侧车门控制单元J386、电源或其通信，电动机自身、驱动电路故障。

b. 前排乘员侧车门控制单元J387、电源或其通信，电动机自身、驱动电路故障。

图2-5　迈腾遥控钥匙开锁和闭锁

c. 左后侧车门控制单元J388、电源或其通信，电动机自身、驱动电路故障。

d. 右后侧车门控制单元J389、电源或其通信，电动机自身、驱动电路故障。

注意：如果出现以上现象，第3项同时损坏的概率太小，所以此处不考虑3项全部损坏的可能。

如果考虑无钥匙进入的功能检查结果（正常），结合操作遥控钥匙时所有转向灯闪烁正常，那车门无法打开的可能原因为：

① 舒适CAN总线故障（可以结合其他依靠CAN总线通信实现的功能是否正常进行综合诊断）。

② 以下故障同时出现。

a. 驾驶人侧车门控制单元J386、电源或其通信，电动机自身、驱动电路故障。

b. 前排乘员侧车门控制单元J387、电源或其通信，电动机自身、驱动电路故障。

c. 左后侧车门控制单元J388、电源或其通信，电动机自身、驱动电路故障。

d. 右后侧车门控制单元J389、电源或其通信，电动机自身、驱动电路故障。

2）如果在开锁或闭锁时只是个别车门无法开锁或解锁，则存在以下故障：

① 个别车门控制单元的电源、通信、本身故障。

② 个别车门电动机的控制、开关信号故障。

（7）使用机械钥匙

如图2-6所示，通过驾驶人侧车门把手上锁芯打开中控门锁时，驾驶人侧车门应能正常打开，其余的无法打开（根据车辆设置确定，有的车型只能开启驾驶人侧车门，有的车型可以开启全部车型）；闭锁时，所有车门应能锁止，无法打开。

1）无法打开驾驶人侧车门，如果不考虑无

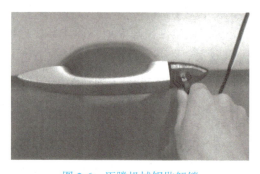

图2-6　迈腾机械钥匙解锁

钥匙进入及操作遥控钥匙的功能检查结果,则可能原因为:
① 机械钥匙不匹配。
② 锁芯故障。
③ 驾驶人侧车门锁机械机构故障。
④ F241 开关故障。
⑤ F241 与 J386 之间的电路故障。
⑥ J386 自身、电源或通信故障。
⑦ 其他车门控制单元自身、电源或通信故障(默认设置为可以开启所有车门)。
⑧ 其他门门锁电动机自身或其电源电路故障(默认设置为可以开启所有车门)。
如果考虑无钥匙进入及操作遥控钥匙的功能检查结果(正常),则可能原因为:
① 机械钥匙不匹配。
② 锁芯故障。
③ 驾驶人侧车门锁机械机构故障。
2)如果无法锁止所有车门,则存在以下故障,可能原因为部分车门或行李舱没有完全关闭。

注意:此分析是在考虑以上诊断的情况下进行的。

(8)接着按压遥控器上的行李舱锁按键
如图 2-7 所示,行李舱应能正常打开。

图 2-7　迈腾行李舱打开

如果不考虑无钥匙进入的功能检查结果,单单考虑遥控钥匙不能打开行李舱,则可能原因为:
1)遥控器自身(按键)故障。
2)车载电网控制单元 J519 电源或本身故障。
3)行李舱锁执行元件 F219 本身或其驱动电路故障。
(9)打开车门,拉动驾驶人侧车门上的行李舱开锁按钮 E233
如图 2-8 所示,行李舱应能正常打开。
如果行李舱不能打开,可能存在以下故障

注意:这一步要在上一步测试的基础上进行。

1)行李舱开锁按钮 E233 本身及电路故障。
2)驾驶人侧车门控制单元 J386 的本身故障。

图 2-8　迈腾行李舱打开

（10）打开车门，一名操作人员坐在驾驶人座椅上后，关闭所有车门，按压按钮 E308 上的闭锁键。

如图 2-9 所示，从内部应能打开所有车门，另一名操作人员应在外部无法打开所有车门；按压驾驶人侧车门上的上锁按钮 E308 上的开锁键，从内部应能打开所有车门，另一名操作人员在外部能打开所有车门。

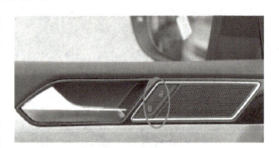

图 2-9　迈腾驾驶人侧车内上锁按钮 E308

如果无法锁止或解锁所有车门，则存在以下故障

注意：这一步要在上一步测试的基础上进行。

1）上锁按钮 E308 本身及电路故障。

2）上锁按钮 E308 与驾驶人侧车门控制单元 J386 之间电路故障。

3）驾驶人侧车门控制单元 J386 自身故障。

（11）按压油箱盖，如图 2-10 所示，油箱盖应能正常打开

如果油箱盖无法打开，则油箱盖板中的中控门锁执行元件 F219 控制、本身故障。

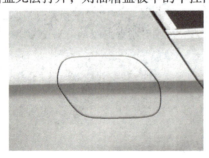

图 2-10　迈腾油箱盖

2. DTC 分析

现在汽车一般都具有自诊断功能，即使通过故障现象可以明确故障范围，但也最好首先读取故障记忆，因为这特别有利于快速发现故障。如果有故障代码，应清楚故障代码的定义和生成的条件，并基于此展开诊断和故障检修；如果没有故障代码，则基于系统的结构和工作原理进行系统诊断。

在利用故障代码进行故障诊断时，一定要仔细阅读故障代码的定义和生成的条件，从中

可以明确故障代码的生成机理,并根据机理确定验证故障代码真实性的方法,进而有利于提高诊断效果,利用故障代码进行故障诊断时按以下步骤进行。

1)连接故障诊断仪器,扫描以下网关(表2-1),读取故障代码,查阅资料了解故障代码的定义和生成条件。

表2-1 中控门锁系统检查时诊断仪器查询的控制单元

数据诊断接口 J533	车载电网控制单元 J519
驾驶人侧车门控制单元 J386	前排乘员侧车门控制单元 J387
左后侧车门控制单元 J388	右后侧车门控制单元 J389
进入及起动许可接口 J965	行李舱开启装置控制单元 J938

2)验证故障代码的真实性,验证的方法也分两步:
① 通过清除故障代码、模仿故障工况运行车辆、再次读取故障代码。
② 通过数据流或在线测量值来判定故障真实性,并由此展开系统测量。

注意:按照当前的中控门锁异常故障,实测过程中可能会遇到三种情况。第一种情况:诊断仪器可以正常和以上各控制单元通信,但系统没有故障记忆。第二种情况:诊断仪器可以正常和以上各控制单元通信,并能读取到系统中所存储的故障代码,此时应结合故障代码信息进行维修。第三种情况:在打开点火开关后操作诊断仪器,诊断仪器不能正常和以上控制单元中的一个或多个进行通信,也无法读取系统中所存储的故障代码。

如图2-11所示为诊断仪器和车载电网控制单元J519、各车门控制单元之间的通信原理图,从中可以看出,诊断仪器通过诊断仪器连接线、无线或蓝牙通信、OBD-II诊断接口、CAN总线与车载电网控制单元J519或其他控制单元进行通信。

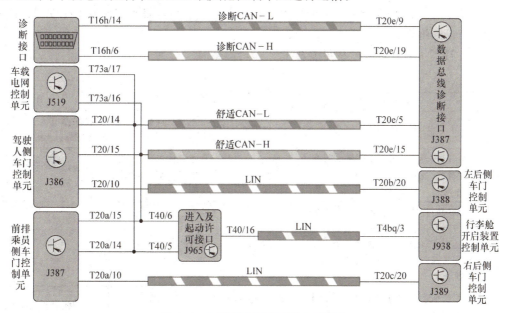

图2-11 迈腾数据诊断通信电路图解

如果诊断仪器无法进入车辆所有系统,则可能是解码器、诊断连接线、无线或蓝牙通信、OBD-II诊断接口、CAN总线中的一个或多个出现故障;如果只是某个控制单元无法到达,则可能是该控制单元或其电源电路、相邻的 CAN 总线区间出现故障。

诊断仪器无法读取，原因有以下几种：

1）诊断接口电源供给故障。
2）诊断 CAN 总线电路故障。
3）舒适 CAN 总线电路故障。
4）LIN 总线故障。
5）车载电网控制单元 J519 电源、自身故障。
6）数据总线诊断接口 J533（网关）电源、自身故障。
7）车门控制单元电源、自身故障。
8）进入及起动许可接口 J965 电源、自身故障。
9）行李舱开启装置控制单元 J938 电源、自身故障。

3. 无码分析

如果没有故障代码显示，那就需要技术人员结合故障现象，分析系统电路图，列举故障可能，并按照正确的流程、利用合适的测试设备、进行正确的测量，从而发现故障所在。

四、诊断流程

面对中控门锁所发生的各种故障，诊断及处理失误将给企业和个人造成相当大的损失。正确的诊断及处理，不可能来自于盲目的主观臆断，而应该建立在获取与故障有关信息的基础上，依据迈腾舒适系统、中控门锁系统、进入及起动系统、CAN 总线系统、LIN 总线系统的工作原理以及控制结构，运用科学的分析方法，按照合理的步骤进行综合分析，去伪存真、舍次取主，排除故障受害者，找出故障肇事者，这才是提高故障诊断准确性的关键所在。为了便于分析，不至于被众多杂乱无章的信息扰乱思路，需要结合电路原理图，遵从以下流程进行诊断维修。

迈腾中控门锁异常诊断流程见表 2-2。

表 2-2　迈腾中控门锁异常诊断流程

流程	操作	结果	备注
1	确认 +B 大于 11.5V	正常转步骤 2　　不正常给蓄电池充电或更换	确保蓄电池正负极接头连接牢靠，不脏污
2	按压遥控器上的开锁、闭锁和行李舱锁按键，观察车辆外部警告灯闪烁是否正常	正常转步骤 3　　不正常检查遥控钥匙电池电量、钥匙是否匹配正确	在强磁场下遥控钥匙可能出现失效，更换场地
3	仔细倾听在按压遥控器上的开锁或闭锁按键时，是否听到车门锁电动机动作的声音。同时在开锁时，所有车门应能拉开；在闭锁时，所有车门应不能拉开	正常转步骤 4　　异常转步骤 9	
4	使用机械钥匙，通过驾驶人侧车门把手上锁芯打开中控门锁时，驾驶人侧车门应能正常打开，其余的无法打开；闭锁时，所有车门应能锁止，无法打开	正常转步骤 5　　异常检查驾驶人侧车门锁机械结构	机械钥匙通过机械连接机构打开车门，如果机械机构出现故障，将导致锁内部开关工作异常

（续）

流程	操作	结果		备注
5	按压遥控器上的行李舱锁按键，行李舱应能正常打开	正常转步骤6	异常转步骤9	通过两个开关操作后的现象判断基本故障部位
6	打开车门，拉动驾驶人侧车门上的行李舱开锁按钮E233，行李舱应能正常打开	正常转步骤7	异常转步骤9	通过两个开关操作后的现象判断基本故障部位
7	打开车门，一名操作人员入座驾驶人座椅后，关闭所有车门，按压驾驶人侧车门上的上锁按钮E308上的闭锁键，从内部应无法打开所有车门，另一名操作人员应在外部无法打开所有车门；按压驾驶人侧车门上的上锁按钮E308上的开锁键，从内部应能打开所有车门，另一名操作人员在外部能打开所有车门	正常转步骤8	异常转步骤9	通过后部左、右个开关操作后的现象判断基本故障部位
8	按压油箱盖，油箱盖应能正常打开	正常转步骤14		
9	连接故障诊断仪器，读取故障代码	正常读取，转步骤10	无法读取故障代码，转步骤11 无故障代码转步骤12	
10	根据实施维修里故障代码进行诊断、维修	正常转步骤13		
11	检测OBD-II诊断接口及相关电路	正常转步骤9	执行"OBD-II诊断接口"诊断	使用连线时，如果解码器不亮或者使用无线传输方式时怀疑无线单元不能通信时进行该诊断
	检测舒适CAN总线通信		执行"舒适CAN通信"诊断	
12	插接器检查	正常转步骤13	不正常维修故障部位	包括外观、退针、锈蚀等项目
	结合维修手册、电路图对故障系统供电、接地电路进行电压、通断测量			测量项目包括对地电压、电阻和端对端电阻
13	故障检验	正常转步骤14	不正常转步骤9	
14	维修完成			

五、实施维修

1. 根据故障代码提示进行维修

利用解码器读取故障代码，按照本资源库中提供的针对每个故障代码制定的诊断流程进行故障诊断。

2. 电路检测

根据系统的结构原理，对门锁电动机、门锁功能开关（F2、F241、F243）、联锁开关等电路进行检测，检测方法参照相关内容。

3. 部件检测

根据系统的结构原理，对门锁电动机、门锁功能开关（F2、F241、F243）、联锁开关等元器件进行检测，检测方法参照相关内容。

六、总结拓展

技术报告：参照高职大赛工作页完成诊断报告，教师应根据需要设置好故障点，也可根据本课件中提供的实际案例制定标准答案。

拓展实训：教师可以在车辆给学生设置相类似的其他故障，让学生独立完成，以考核学生的掌握水平。

2.1 中控门锁控制系统的组成与工作原理

一、迈腾进入及起动系统概述

迈腾常用的进入及起动系统分为两种，一种是一键起动系统，另一种是无钥匙起动系统。有的车型是同时安装这两种起动系统，有的车型就只是安装其中的一种，其中最主要的区别在于两种进入及起动系统开启车门的方法不同，前者需要操作遥控钥匙，后者则完全靠感应。

1. 一键起动系统

如图 2-12 所示为迈腾一键起动系统的原理图，在开启或锁闭车门时，一键起动系统只能使用遥控钥匙或机械钥匙解锁或闭锁，当进入车辆后，车内天线确定车内是否存在被授权的车钥匙，然后通过按键 E378 完成车辆点火和发动机起动的控制。

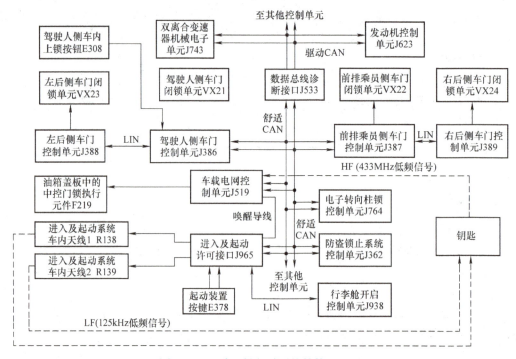

图 2-12 迈腾一键起动系统结构原理图

— 44 —

2. 无钥匙进入及起动系统

如图 2-13 所示为迈腾无钥匙进入及起动系统结构原理图，在开启或锁闭车门时，车辆 KESSY（Key-less Access）无钥匙进入系统可以靠人手感应，在不直接操作钥匙的情况下闭锁和解锁车辆，当然也可以使用遥控钥匙或机械钥匙解锁和闭锁车辆；当进入车辆后，车内天线确定车内是否存在被授权的车钥匙，通过按键 E378 完成车辆点火和发动机起动的控制。

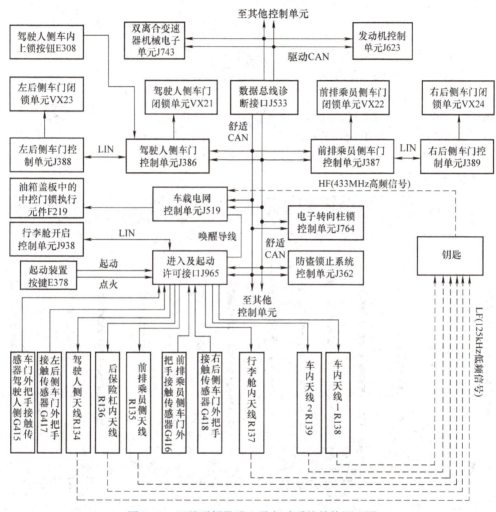

图 2-13　迈腾无钥匙进入及起动系统结构原理图

两个系统的主要区别是进入车辆的方法不同，所以要总结进入车辆的方法总共有几种，在其中一种方法失效的情况下，看看其余方法是否可行，进而确定故障范围。

二、迈腾进入及起动系统组成

1. 车外门把手触摸传感器

在配置无钥匙进入及起动系统的车辆上，每个车门均安装有车外门把手触摸传感器，其外形如图 2-14 所示，它们分别是：

1）驾驶人侧车门外把手接触传感器 G41。

2）前排乘员侧车门外把手接触传感器 G416。

3）左后侧车门外把手接触传感器 G417。

4）右后侧车门外把手接触传感器 G418。

车外门把手触摸传感器是电容式的，集成在车外门把手内，由直流电压来驱动，每个把手和支座上都装上了一个电容片。手抠的凹坑起介质作用，如果电容片之间插入新的介质，那么就会有一个电流短时流过，进入和起动授权控制单元就会识别并分析这个电流。如图 2-15 所示为迈腾车外门把手触摸传感器电路原理图。

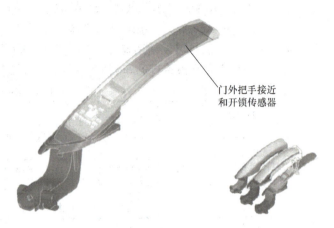

图 2-14　迈腾车外门把手触摸传感器

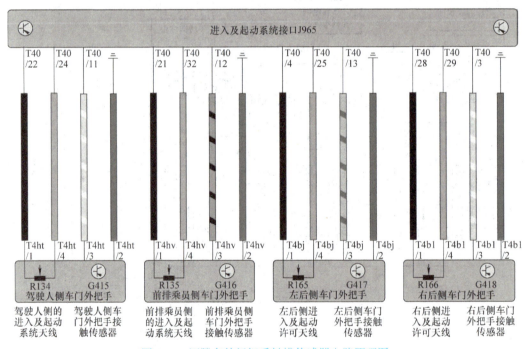

图 2-15　迈腾车外门把手触摸传感器电路原理图

每个车门的门把手上都装有一个按钮，它是用来关闭中控门锁的。只有当钥匙被同侧的车外天线识别出来时，才能关闭中控门锁。

如果车钥匙处于中控门锁的识别范围内，那么就可以将手放到门把手内来打开车门，或按下车门外把手上的中控门锁按钮来锁上车门。如果在锁车门过程中，车内还有其他钥匙，那么就无法正常锁车了。

如图 2-16 所示为开锁时用示波器测得的信号波形，如图 2-17 所示为闭锁时用示波器测得的信号波形，从中可以看出，没有操作时没有信号，闭锁时通过较小的频率信号，闭锁时通过较大的频率信号。

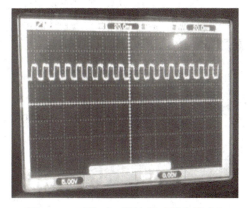

图2-16 开锁时正常波形（频率增大）

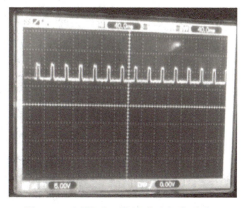

图2-17 闭锁时正常波形（频率减小）

2. 天线

迈腾车辆带进入及起动许可的汽车配有以下天线，如图2-18、图2-19所示。

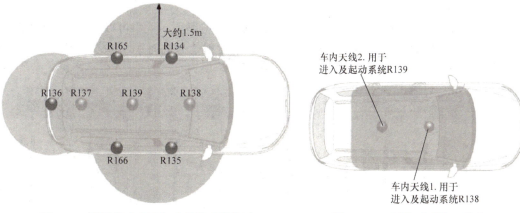

图2-18 无钥匙进入及起动系统天线位置　　　图2-19 一键起动系统天线位置

1）驾驶人侧的进入及起动系统天线 R134（无钥匙进入及起动系统）。
2）前排乘员侧的进入及起动系统天线 R135（无钥匙进入及起动系统）。
3）右后侧进入及起动许可天线 R166（无钥匙进入及起动系统）。
4）左后侧进入及起动许可天线 R165（无钥匙进入及起动系统）。
5）后熔丝杠内中的进入及起动系统天线 R136（无钥匙进入及起动系统）。
6）行李舱内的进入及起动系统天线 R137（无钥匙进入及起动系统）。
7）车内空间的进入及起动系统天线 1-R138。
8）车内空间的进入及起动系统天线 2-R139。

每个车门外把手内都集成有一根磁棒天线，该天线的任务是将进入和起动授权控制单元的信号发送到车钥匙上。遥控钥匙的有效范围，如图2-20所示。

1）解锁/闭锁车辆≤6m。
2）寻车≤30m。
3）KESSY 功能范围：小于 1.5m。

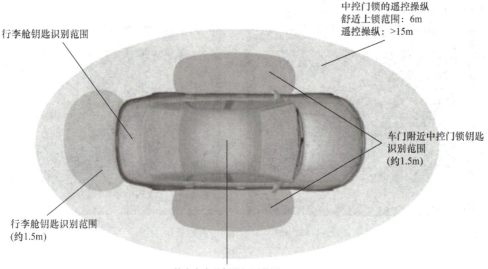

图 2-20　迈腾天线覆盖范围

如图 2-21 所示为迈腾汽车天线与 J965 之间的连接电路图，从中可以看出，天线的两个端子都是通过单独的导线与 J965 相连，在需要天线发射信号的时候，J965 就通过这两根导线给天线施加脉冲电压，以便天线正常工作。

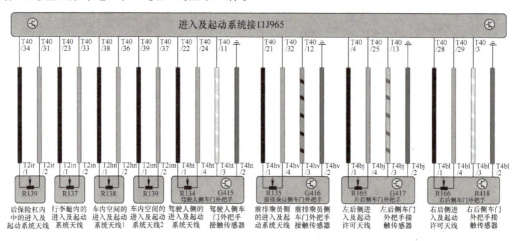

图 2-21　迈腾天线电路原理图

3. 驾驶人侧车内上锁按钮 E308

如图 2-22 所示为驾驶人侧车内上锁按钮 E308，通过驾驶人侧车内上锁按钮 E308 可以将中控门锁开锁和闭锁，关闭并闭锁所有车门和行李舱时，按钮里的指示灯点亮为黄色，防盗报警装置不会激活。在车外无法打开车门或行李舱，例如，因交通信号灯停车时。拉车门开启拉手即可在车内开启车门锁、

图 2-22　迈腾驾驶人侧车内上锁按钮 E308

打开车门，所有车门开关里的指示灯熄灭，未打开的车门和行李舱仍处于闭锁状态，无法自车外打开。

如图 2-23 所示为迈腾驾驶人侧车内上锁按钮 E308 的电路原理图，从中可以看出，开关内的两个状态指示灯、开关自身都是通过同一个端子 T4bw/1 与接地相连，J386 通过 T32/28 端子与 E308 的 T4bw/4 端子之间的连线为开关提供 0V~+B 的参考方波信号，并反馈开关状态，在开锁或闭锁档位时串入不同的电阻，就基准信号振幅下降到规定的值，J386 就是通过该信号波形来判定开关的指令。

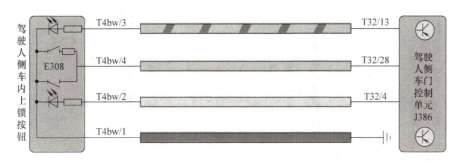

图 2-23　迈腾驾驶人侧车内上锁按钮 E308 电路原理图

4. 车门门锁

如图 2-24 所示为迈腾车门门锁，其内部安装有印刷电路板，这些电路板上安装有微动开关，在门锁机械机构动作或门锁控制电动机动作时，触发这些微动开关，后者将门锁当前的机械状态转换为电信号后被车门控制单元读取。

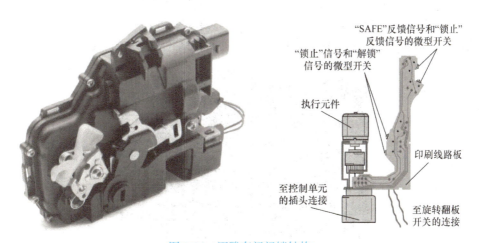

图 2-24　迈腾车门门锁结构

迈腾车门有两种闭锁状态，即：
1）安全（SAFE）锁止状态。
在安全（SAFE）锁止状态下，从车内及车外均无法打开车门。
2）锁止状态。
在锁止状态下，车门无法从车外打开，但可以从车内打开。

如图 2-25 所示为迈腾驾驶人侧门锁电路原理图，从中可以看出，驾驶人侧门锁总成内包含一个门锁电动机、三个微动开关（分别是反映车门是否关闭的 F2、反映机械锁芯状态的 F241、反映门锁电动机状态的 F243），门锁电动机采用双源控制，可以实现正反两个方向的转动。

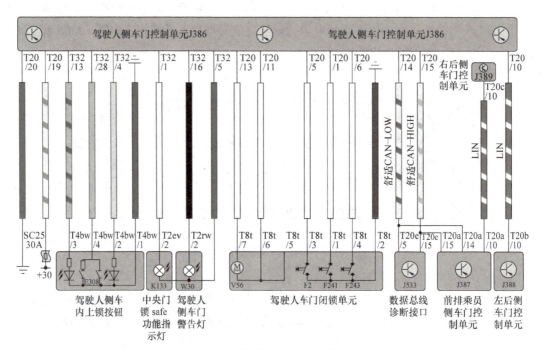

图 2-25　迈腾驾驶人侧门锁电路原理图

5. 进入及起动系统接口 J965

如图 2-26 所示为进入及起动系统接口 J965 的实物照片，它主要具备以下几种功能：

图 2-26　迈腾进入及起动系统接口 J965

1）通过车门外把手接触传感器感知车门是否需要开启（无钥匙进入及起动系统）。

2）通过天线向钥匙发送特定的查询码（125kHz 低频信号）（无钥匙进入及起动系统）。

3）接收一键起动装置按钮 E378 的点火 / 起动信号。

4）通过舒适总线发送一键起动装置按钮 E378/ 起动的点火信号。

6. 驾驶人侧车门控制单元 J386

如图2-27所示为迈腾驾驶人侧车门控制单元实物照片，其主要作用是根据各种输入信号控制各种执行器的工作。驾驶人侧车门控制单元J386的输入信号见表2-3。

驾驶人侧车门控制单元J386控制功能见表2-4。

如图2-28所示为迈腾驾驶人侧车门控制单元电路原理图，其中包含了用于通信的CAN总线、LIN总线，包含了各种开关的信号输入，以及用于完成某些控制功能的执行器等。

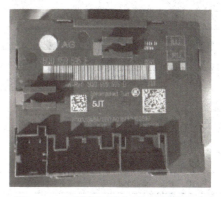

图2-27 迈腾驾驶人侧车门控制单元

注意：图中仅绘制了与中控门锁有关的电路图。

表2-3 J386信号输入

序号	元件	信号
1	玻璃升降器开关 E512	驾驶人侧玻璃升降器手动、自动上升或下降
		前排乘员侧玻璃升降器手动、自动上升或下降
		左后侧玻璃升降器手动、自动上升或下降
		右后侧玻璃升降器手动、自动上升或下降
		两个后门玻璃升降器动作锁止
2	联锁锁开关 E308	所有中控门锁开启、关闭
3	车门接触开关 F2	驾驶人侧车门状态（开或关）
4	锁芯中的接触开关 F241	驾驶人侧车门锁机构开启、关闭状态
5	SAFE功能指示灯开关	安全灯、警示灯控制
6	中控门锁电动机开关 F243	驾驶人侧车门锁机构开启、关闭状态
7	行李舱开启开关 E234	行李舱开启
8	儿童安全锁按钮 E318	后车门儿童安全锁开启
9	后视镜调节转换开关 E48	后视镜左右调节选择
10	后视镜调节开关 E43	单侧后视镜左、右、上、下调节
11	后视镜收折开关 E168	后视镜折叠收起
12	车外后视镜加热按钮 E231	车外后视镜加热
13	转向开关信号	左转向信号

表2-4 J386功能控制

序号	元件	动作
1	驾驶人侧玻璃升降器	驾驶人侧玻璃手动、自动上升或下降
	前排乘员侧玻璃升降器	前排乘员侧玻璃手动、自动上升或下降
	左后侧玻璃升降器	左后侧玻璃手动、自动上升或下降
	右后侧玻璃升降器	右后侧玻璃手动、自动上升或下降
2	中控门锁执行元件（电动机）	所有车门开启、锁止
3	行李舱电动机	行李舱开启、锁止

(续)

序号	元件	动作
4	油箱盖电动机	油箱盖开启、锁止
5	后视镜调节电动机	后视镜左、右、上、下调节
6	后视镜收折电动机	后视镜折叠、收起
7	加热式车外后视镜	后视镜加热
8	车门开启照明灯	车门开启照明点亮
9	上车灯	上车灯点亮
10	转向灯	后视镜上左转向信号灯闪烁

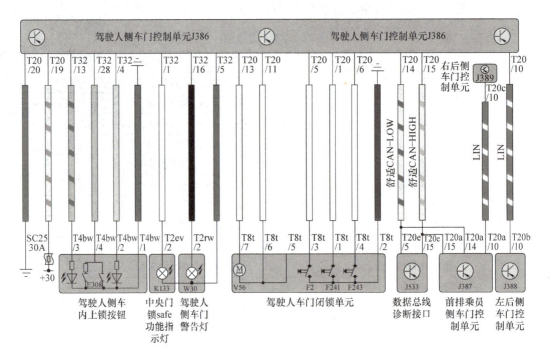

图 2-28 迈腾驾驶人侧车门控制单元电路原理图

7. 前排乘员侧车门控制单元 J387

如图 2-29 所示为迈腾前排乘员侧车门控制单元实物照片，其主要作用是根据各种输入信号控制各种执行器的工作。

前排乘员侧车门控制单元 J387 输入信号见表 2-5。

前排乘员侧车门控制单元 J387 控制功能见表 2-6。

如图 2-30 所示为迈腾前排乘员侧车门控制单元电路原理图，其中包含了用于通信的 CAN 总线、LIN 总线，包含了各种开关的信号输入，以及用于完成某些控制功能的执行器等。

图 2-29 迈腾前排乘员侧车门控制单元 J387

表 2-5　前排乘员侧车门控制单元 J387 信号输入

序号	元件	信号
1	玻璃升降器开关	前排乘员侧玻璃升降器手动、自动上升或下降
2	车门接触开关	驾驶人侧车门状态（开或关）
3	SAFE 功能指示灯开关	安全灯警告灯控制
4	中控门锁电动机开关	驾驶人侧车门锁机构开启、关闭状态

表 2-6　前排乘员侧车门控制单元 J387 控制功能

序号	元件	动作
1	前排乘员侧玻璃升降器	前排乘员侧玻璃手动、自动上升或下降
2	中控门锁执行元件（电动机）	右前车门开启、锁止
3	后视镜调节电动机	后视镜左、右、上、下调节
4	后视镜收折电动机	后视镜折叠、收起
5	加热式车外后视镜	后视镜加热
6	车门开启照明灯	车门开启照明点亮
7	上车灯	上车灯点亮
8	转向灯	后视镜上右转向信号灯闪烁

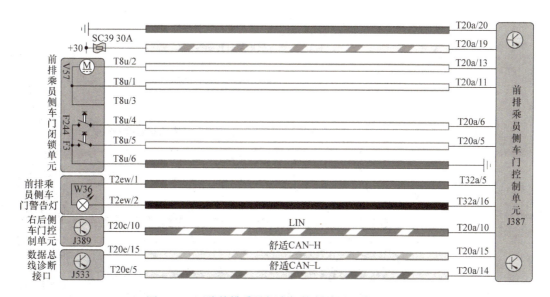

图 2-30　迈腾前排乘员侧车门控制单元电路原理图

注意：图中仅绘制了与中控门锁有关的电路图，涉及后视镜、玻璃升降器、转向灯的内容并没有绘制，请参考本书其他相关内容。

8. 后侧车门控制单元 J388、J389

如图 2-31 所示为迈腾后侧车门控制单元（每个车门一个）实物照片，其主要作用是根据各种输入信号控制各种执行器的工作。

左后侧、右后侧车门控制单元输入信号见表 2-7。

左后侧、右后侧车门控制单元控制功能见表 2-8。

如图 2-32、图 2-33 所示为迈腾后侧车门控制单元电路原理图，其中包含了用于通信的 LIN 总线，包含了各种开关的信号输入，以及用于完成某些控制功能的执行器等。

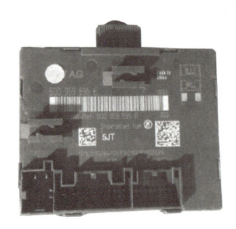

图 2-31　迈腾后侧车门控制单元 J388、J389

表 2-7　左后侧、右后侧车门控制单元输入信号

序号	元件	信号
1	玻璃升降器开关	左后侧、右后侧车门玻璃升降器上升或下降
2	车门接触开关	左后侧、右后侧车门状态（开或关）
3	SAFE 功能指示灯开关	安全灯、警示灯控制
4	中控门锁电动机开关	左后侧、右后侧车门锁机构开启、关闭状态

表 2-8　左后侧、右后侧车门控制单元控制功能

序号	元件	动作
1	玻璃升降器	左后侧、右后侧玻璃上升或下降
2	中控门锁执行元件（电动机）	左后侧、右后侧车门开启、锁止
3	车门开启照明灯	车门开启照明点亮
4	后烟灰缸照明灯泡	烟灰缸照明灯泡点亮

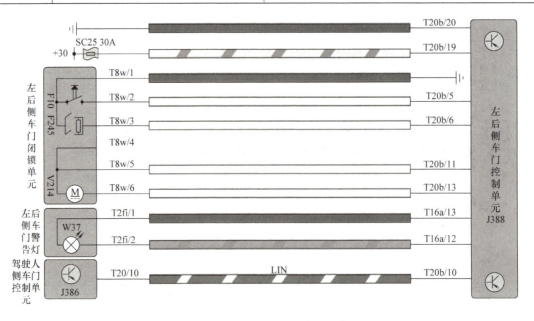

图 2-32　迈腾左后侧车门控制单元电路原理图

任务2 中控门锁控制系统及检修

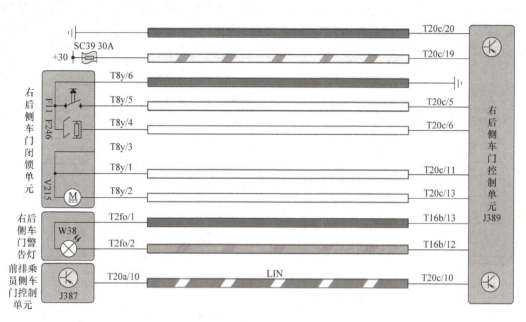

图 2-33 迈腾右后侧车门控制单元电路原理图

注意：图中仅绘制了与中控门锁有关的电路图，涉及后视镜、玻璃升降器、转向灯的内容并没有绘制，请参考本书其他相关内容。

三、迈腾进入及起动许可以及门锁工作过程

1. 门锁控制方式

门锁的控制可分为车内控制和车外控制两种方式。车内控制可通过车门上锁按钮 E308 来执行，车外控制可以通过"无钥匙进入""遥控器"或"车门锁孔中控开关"来执行。

1）无钥匙进入控制车门的开、闭。
2）遥控钥匙遥控门锁的开、闭。
3）驾驶人侧车门（钥匙锁孔）中控开关控制门锁开、闭。
4）驾驶人侧车门上的联锁按钮控制门锁开、闭。
5）气囊控制单元在车辆发生碰撞时开启所有车门锁。

（1）无钥匙进入控制车门的开闭

如图 2-34 所示为迈腾无钥匙进入系统原理图，从中可以看出，触摸门把手接触传感器 G415~G418 中的一个（或者基于车型，或者基于设置，有的车型只有驾驶人侧门把手能开启所有车门，有的车型两前门均可以开启所有车门，其余车门门把手只能开启自身车门，有的车型四个车门均可以开启所有车门），该传感器唤醒 J965；J965 被唤醒后，一方面通过唤醒线唤醒 J519（J519 持续向唤醒信号线提供蓄电池电压，J965 短时间拉低唤醒线的高电平），另一方面 J965 向该侧车门室外天线发送 125kHz 低频信号（包括钥匙唤醒信息、ID 码询问信息等）；已授权的钥匙被唤醒后指示灯会闪烁，验证 ID 码，若合法，则发出 433MHz 的高频

信息（含钥匙 ID 码、钥匙接收到的天线信息），J519 通过内置高频天线 R47 接受钥匙信息，验证钥匙 ID 码，若合法，则唤醒舒适 CAN 总线（注意对钥匙身份的甄别和解锁均由 J519 完成，J285 在此过程中没有作用），同时通过网关 J533 进一步唤醒动力 CAN 总线，同时车辆还会有以下反应。

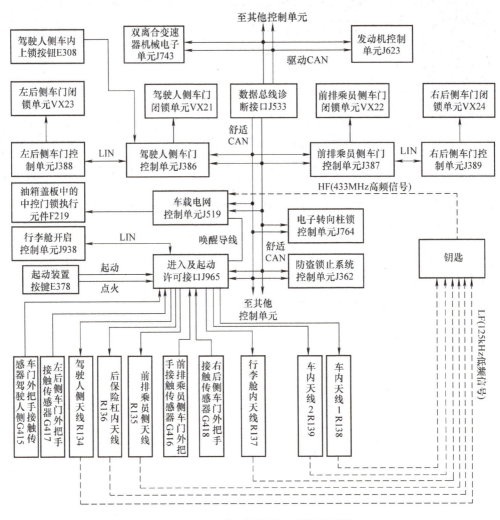

图 2-34　迈腾无钥匙进入系统原理图

1）J519 控制车辆四角的所有转向灯闪烁。

2）各车门控制单元接收到来自 CAN 总线的解锁信息，控制门锁电动机、后视镜折叠电动机（需要考虑车辆设置功能确定）、后视镜上转向灯动作。

3）仪表 J285 接收到来自 CAN 总线的信息，控制其自身上的转向指示灯闪烁两次。

4）发动机控制单元 J623 激活 J271 继电器约 8s。

5）车辆蜂鸣器会发出响声。

6）舒适 CAN 总线会通过 J965 点亮点火开关背景灯；通过 J519、LIN、灯光旋钮开关点亮其背景灯。

7）驱动 CAN 总线上的 J623 激活 J271 继电器（持续约 8s），同时通过油泵控制信号线激活 J538，控制油泵运转一段时间（取决于油压），实现预供油。

闭锁时，过程基本相同，只是车辆的表现略有不同。

（2）遥控门锁的开闭

如图 2-35 所示为迈腾 B8 车辆遥控钥匙，按压遥控钥匙上的功能按键，已匹配的钥匙发送一个特定的钥匙验证代码和功能请求代码。这些代码包括以下内容：

1）车门、油箱盖解锁。
2）行李舱解锁。
3）所有锁机构闭锁。
4）所有锁机构闭锁且车窗玻璃关闭。
5）车门、油箱盖解锁且车窗玻璃打开。
6）寻车请求。

如图 2-36 所示为一键起动开启车门的控制原理图，当操作遥控器钥匙时，钥匙将特定的、带有钥匙验证代码的信息发送给控制单元 J519，控制单元 J519 预检查数据的可靠性。如果是可靠的钥匙基本数据，则 J519 唤醒舒适 CAN 总线，同时起动以下操作：

图 2-35　迈腾遥控钥匙

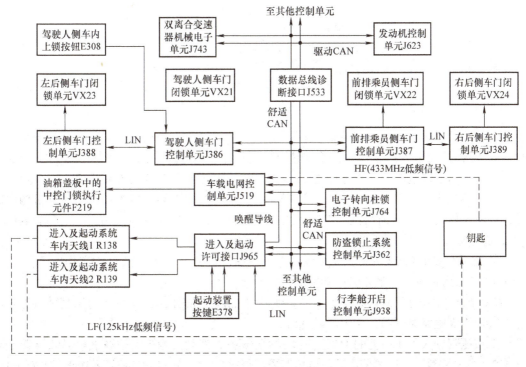

图 2-36　迈腾一键起动进入许可工作过程

1）控制单元 J519 通过舒适 CAN 总线向两个前车门控制单元发送一个车门解锁/闭锁命令，前车门锁机构执行相对应的解锁/闭锁。

2）两个前车门控制单元通过局域网 LIN 总线向两个后车门控制单元发送一个车门解锁／闭锁命令，后车门锁机构执行相对应的解锁／闭锁。

3）J519 直接向油箱盖板中的中控门锁执行元件 F219 发送油箱盖解锁／闭锁命令，执行元件 F219 行相对应的解锁／闭锁。

4）进入及起动许可接口 J965 通过局域网 LIN 总线向行李舱开启装置控制单元 J938 发送行李舱解锁／闭锁命令，控制单元 J938 控制行李舱锁机构执行相对应的解锁／闭锁。

J519 直接或通过总线向外部所有转向灯输出信号，外部警告灯闪烁。

1）闭锁车辆时所有转向信号灯闪亮一次，确认车辆已闭锁。

2）解锁车辆时所有转向信号灯闪亮两次，确认车辆已解锁。

如转向信号灯不闪亮，表示至少一扇车门或行李舱未关闭或车门、行李舱开关状态信号故障。

（3）驾驶人侧车门（钥匙锁孔）中控开关控制门锁开闭

如图 2-37 所示为迈腾驾驶人侧钥匙锁孔，在无钥匙进入和遥控钥匙开启车门失效的情况下，可以用机械钥匙开启车门。

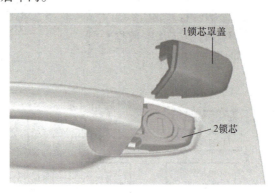

图 2-37　迈腾驾驶人侧钥匙锁孔

1）使用钥匙顺时针扭转锁芯，机械联动机构带动驾驶人侧锁机构动作，使自身车门解锁，同时使锁机构中的接触开关 F241 切换到解锁档位，驾驶人侧车门控制单元 J386 接收到开关 F241 的高电位电压后，通过舒适 CAN 总线和 LIN 总线发送车门开锁信息。

2）使用钥匙逆时针扭转锁芯，机械联动机构带动驾驶人侧锁机构动作，使锁机构中的接触开关 F241 切换到落锁档位，驾驶人侧车门控制单元 J386 接收到开关 F241 的低电位电压后，通过舒适 CAN 总线和 LIN 总线发送车门锁止信息。

如图 2-38 为迈腾驾驶人侧闭锁单元电路原理图，从中可以看出 F243 的工作原理。

（4）驾驶人侧车门上的联锁按钮控制门锁开闭

如图 2-39 所示为迈腾驾驶人侧车内上锁按钮 E308，如图 2-40 所示为迈腾驾驶人侧车内上锁按钮 E308 电路原理图，从中可以看出：

1）按压驾驶人侧车门上的上锁按钮 E308 开锁键，驾驶人侧车门控制单元 J386 接收到开关 E308 内部开锁触点返回的分压后的电压，通过舒适 CAN 总线和 LIN 总线发送车门开锁信息。

2）按压驾驶人侧车门上的上锁按钮 E308 闭锁键，驾驶人侧车门控制单元 J386 接收到开关 E308 内部闭锁触点返回的分压后的电压，通过舒适 CAN 总线和 LIN 总线发送车门闭锁信息。

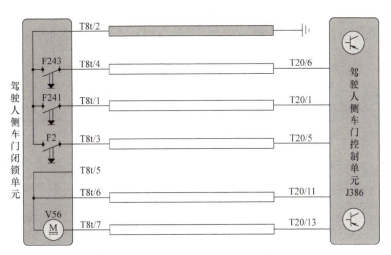

图 2-38 迈腾驾驶人侧闭锁单元电路原理图

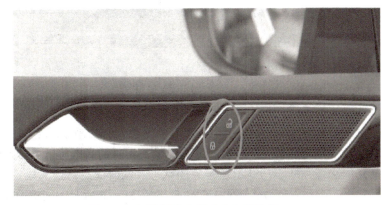

图 2-39 迈腾驾驶人侧车内上锁按钮 E308

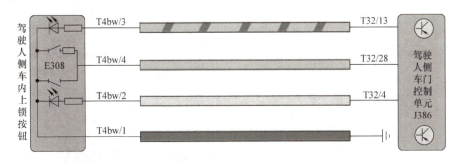

图 2-40 迈腾驾驶人侧车内上锁按钮 E308 电路原理图

（5）气囊控制单元在车辆发生碰撞时开启所有车门锁

如图 2-41 所示为迈腾安全气囊控制电路图，如果车辆在受到撞击后，安全气囊控制单元 J234 检测到撞击传感器发出的撞击信号（电信号），判断撞击力度，如果力度到达上限后，J234 接通气囊引爆装置，气囊爆开，保护人身安全。同时 J234 通过驱动 CAN 总线、数据总线诊断接口 J533、舒适 CAN 总线、LIN 总线向所有车门控制单元发送车门解锁命令。

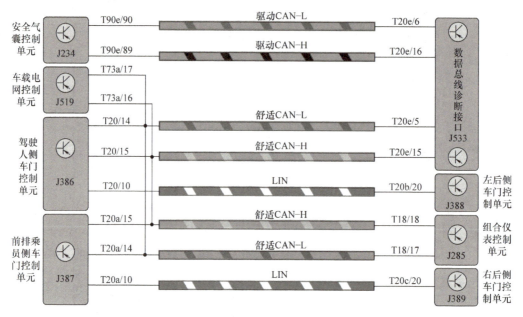

图 2-41　迈腾安全气囊控制电路图

2. 门锁工作过程

如图 2-42~ 图 2-45 所示为四个车门闭锁单元与各自车门控制单元之间的连接电路，从中可以看出，车门接触开关将车门打开时的低电位或关闭时的高电位信号传递给车门控制单元，车门控制单元依次来判断车门开启还是关闭状态。同时通过舒适总线发送给组合仪表，如果车门打开，组合仪表上会显示打开侧车门信息，如图 2-46 所示。锁机构在完全闭锁的情况下才能执行开锁和闭锁功能。

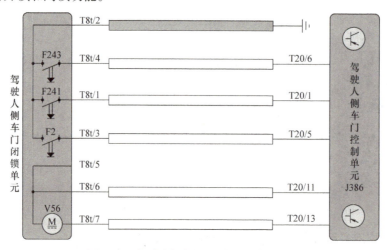

图 2-42　驾驶人侧侧闭锁单元电路原理图

图 2-43　前排乘员侧侧闭锁单元电路原理图

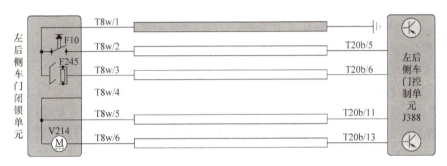

图 2-44　左后侧闭锁单元电路原理图

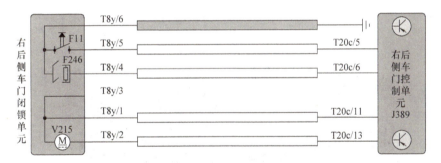

图 2-45　右后侧闭锁单元电路原理图

图 2-46　迈腾仪表显示车门状态

车门控制单元检测到车门锁止信息后,控制"锁单元"中的中控门锁电动机工作,电动机转动,驱动机械机构动作,使门锁的机械机构处于"安全锁止"状态。

中控门锁 SAFE 开关将安全锁止状态(高电位)或开锁状态(低电位)传递给车门控制单元,车门控制单元依次来判断车门安全锁止还是开锁状态。

在安全锁止状态下,驾驶人侧车门控制单元 J386 激活中控门锁 SAFE 功能指示灯 K133,指示灯 K133 闪烁,警示外部人员车辆已进入防盗状态。

3. 行李舱锁工作过程

(1)行李舱开锁控制方式

行李舱锁控制可分为车内控制和车外控制两种方式。车内控制可通过驾驶人侧车门上行李舱遥控开锁按钮 E233 来执行,车外控制可以通过"遥控器"或"车门锁孔中控开关"来执行,主要控制包括:

1)行李舱无钥匙进入及起动系统开锁。

2)行李舱遥控钥匙开锁。

3)行李舱开锁按钮 E233 开锁。

(2)行李舱无钥匙进入及起动系统开锁

使用者站在车后中间位置,抬起一条腿在保险杠下做出快速地伸入和撤出的摆动动作,如图 2-47 所示。从而使胫骨进入和离开电容传感器的检测区域。传感器以及行李舱开启控制单元 J938 识别到这一"踢动"动作,并通过其自有的 LIN 总线向进入及起动系统控制单元 J965 发出信号。如图 2-48 所示为迈腾行李舱控制电路原理图。

图 2-47 迈腾行李舱无钥匙进入/起动系统开锁

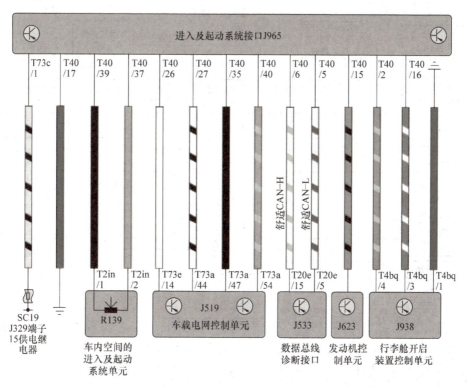

图 2-48　迈腾行李舱控制电路原理图

控制单元 J965 通过后保险杠内的 R139 进入及起动系统天线（125kHz 的低频信号），检查在车尾区域是否至少存在一个遥控钥匙。如果钥匙成功授权，则在第 3 个制动灯（位于后窗玻璃上部区域）亮起后，打开行李舱。

注意：授权与车辆的锁止状态无关。

（3）行李舱遥控钥匙开锁

按压遥控钥匙（图 2-49）上的行李舱开启按键，已匹配的钥匙发送一个特定的钥匙验证代码和请求解锁代码发送至 J519，J519 预检查数据的可靠性。如果是可靠的钥匙基本数据，则 J519 唤醒舒适系统 CAN 总线，同时直接向 J938 发送行李舱解锁命令，执行解锁。如图 2-50 所示为迈腾行李舱控制电路原理图。

（4）行李舱开锁按钮 E233 开锁

如图 2-51 所示为迈腾行李舱开锁按钮 E233 控制电路原理图，从中可以看出，J386 通过其 T32/23 端子与 E233 之间的电路为 E233 提供 0V~+B 的方波参考信号，当向上拉动驾驶人侧车门上的行李舱开锁按钮 E233 时，开关将参考信号接地，J386 接收到开关 E233 内部触点返回的低电压信号，并转化为数字信号，通过舒适 CAN 总线发送行李舱开锁信息至 J519，J519 内部驱动电动机电路接通，驱动电动机运转，打开行李舱开锁。

图 2-49　迈腾遥控钥匙

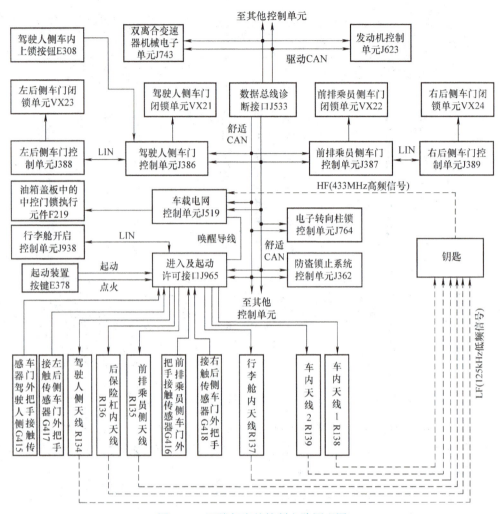

图 2-50 迈腾行李舱控制电路原理图

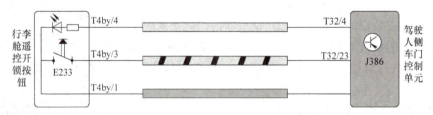

图 2-51 迈腾行李舱开锁按钮 E233 控制电路原理图

2.2 门锁电动机常见故障的诊断与排除

如图 2-52 所示为迈腾门锁电动机控制电路原理图,从中可以看出,现在的门锁电动机比原来的 B7 车型减少了一个 SAFE 电动机,只使用一个电动机进行控制,通过车门控制单元控制门锁电动机的供电电流方向,实现电动机的正反转。

任务 2　中控门锁控制系统及检修

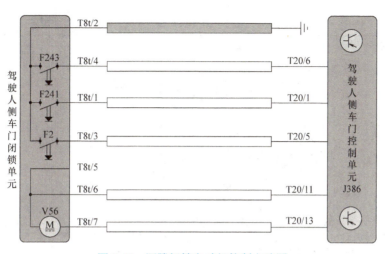

图 2-52　迈腾门锁电动机控制电路图

驾驶人侧车门控制单元 J386 通过其 T20/13 端子至门锁电动机的 T8t/7 端子之间的电路连接到电动机的一个电极，同时通过 T20/11 端子至门锁电动机的 T8t/6 端子之间的电路连接到电动机的另一个电极。J386 同时给两条电路输出相反电压时，电动机动作，带动机械机构闭锁或开启车门锁止机构。

故障现象：

在无钥匙进入模式或遥控钥匙模式下，都无法解锁左前侧车门，别的车门可以解锁；拉开车门进入车内，操作驾驶人侧车门上的联锁开关 E308，还是无法解锁左前侧车门，别的车门锁机构工作正常；在解锁和闭锁时，左前侧车门锁机构没有任何动静；左前侧车门的其他功能正常。

故障分析：

由于左前侧车门的其他功能正常，说明 J386 的供电、通信没有故障；同时在无钥匙进入模式下、遥控钥匙模式下，以及进入车内操作车门上的联锁开关 E308，都无法使左后侧车门锁机构有任何动静，基于故障概率，故障应可能在三种模式下的共同部分，即：

1）J386 自身存在故障。

2）J386 与门锁电动机 V56 之间的电路故障。

3）V56 自身故障。

诊断过程：

第一步：打开点火开关，用解码器读取故障代码，发现没有故障代码。

第二步：如果可以利用解码器进行执行元件的诊断，最好做一下，以区分控制单元内部的程序有没有故障。

第三步：测量车门电动机端的 T8t/7 端子和 T8t/6 端子之间的驱动波形。

注意：因施加在门锁电动机上的驱动电压时间很短，而万用表反应速度过慢，无法准确测试驱动电压，所以建议使用示波器进行测量，测量时应先连接示波器，设置好波形参数，然后再操作中控门锁开关。

任何时候，按压驾驶人侧车门内衬上的联锁按键上的开锁按键或闭锁按键，门锁电动机两端控制电路上会出现瞬间的相反的电压差，否则说明故障存在，可以参考表 2-9 中的方法进行诊断。

表2-9 车门电动机端的 T8t/7 端子和 T8t/6 端子之间波形测试

可能性	测试条件	实测结果（波形）	状态	说明	操作
1	按下开锁开关时		正常	门锁电动机故障	更换门锁机构总成
1	按下闭锁开关时		正常	门锁电动机故障	更换门锁机构总成
2	按下开锁开关时		异常	控制信号电路断路或控制单元输出故障	测量控制单元的输出
2	按下闭锁开关时		异常	控制信号电路断路或控制单元输出故障	测量控制单元的输出

第四步：测量车门控制单元端的 T20/11 端子和 T20/13 端子之间波形。

任何时候，按压驾驶人侧车门内衬上的联锁按键上的开锁按键或闭锁按键，控制单元信号输出端子之间会出现瞬间的相反的电压差，否则说明故障存在，可以参考表2-10中的方法进行诊断。

表2-10 车门控制单元端的 **T20/11** 端子和 **T20/13** 端子之间波形测试

可能性	测试条件	实测结果（波形）	状态	说明	操作
1	开锁按键按下		正常	电路断路	检查电路导通性
	闭锁按键按下				
2	开锁按键按下		异常	控制单元输出故障	更换控制单元
	闭锁按键按下				

第五步：电路导通性检查。

1）检查车门控制单元端的 T20/11 端子与车门电动机端的 T8t/6 端子间电路的导通性。

关闭点火开关，拔下门锁电动机和车门控制单元插接器，该导线端对端电阻应近乎为零，否则说明故障存在，可以参考表 2-11 中的方法进行诊断。

表 2-11　车门控制单元端的 T20/11 端子与车门电动机端的 T8t/6 端子间电路的导通性测试

可能性	实测结果	状态	可能原因	操作
1	近乎为零	正常	线束插接器故障	检修插接器
2	无穷大	异常	T20/11 端子与 T8t/6 端子间电路断路	检修电路
3	大于 2Ω	异常	T20/11 端子与 T8t/6 端子间电路虚接	

2）检查车门控制单元端的 T20/13 端子与车门电动机端的 T8t/7 端子间电路的导通性。

关闭点火开关，拔下门锁电动机和车门控制单元插接器，该导线端对端电阻应近乎为零，否则说明故障存在，可以参考表 2-12 中的方法进行诊断。

表 2-12　车门控制单元端的 T20/13 端子与车门电动机端的 T8t/7 端子间电路的导通性测试

可能性	实测结果	状态	可能原因	操作
1	近乎为零	正常	线束插接器故障	检修插接器
2	无穷大	异常	T20/13 端子与 T8t/7 端子间电路断路	检修电路
3	大于 2Ω	异常	T20/13 端子与 T8t/7 端子间电路虚接	

第六步：检测门锁电动机电阻。

关闭点火开关，断开门锁电动机 T8t 插接器，测试值应为 16Ω，否则说明故障存在，可以参考表 2-13 中的方法进行诊断。

表 2-13　门锁电动机电阻测试

测试部位	实测结果	状态	可能原因	操作
测量门锁电动机 T8t/6 端子和 T8t/7 端子间电阻	无穷大	异常	电动机断路	更换门锁电动机
	16Ω	正常		测试结束
	大于 16Ω	异常	电动机内部虚接	更换后视镜电动机

练习题：请指导老师在表 2-14 故障列表中选择合适的故障点，要求学生完成并填写诊断报告。

表 2-14　门锁电动机工作异常的常见故障

序号	故障性质
1	门锁电动机损坏
2	V56 的 T8t/7 端子信号电路断路
3	V56 的 T8t/7 端子信号电路虚接
4	V56 的 T8t/7 端子信号电路对地短路
5	V56 的 T8t/6 端子信号电路断路
6	V56 的 T8t/6 端子信号电路虚接
7	V56 的 T8t/6 端子信号电路对地短路
8	V56 的两根信号线互换
9	驾驶人侧车门控制单元 J386 故障

2.3　门锁功能开关 F2 常见故障的诊断与排除

如图 2-53 所示为迈腾门锁电动机控制电路原理图，从中可以看出，驾驶人侧门锁功能开关 F2 信号的原理如下：驾驶人侧车门控制单元 J386 通过其 T20/5 端子输出一个 0V~+B 的方波参考信号至驾驶人侧门锁的 T8t/3 端子，当开关闭合时，通过驾驶人侧门锁的 T8t/2 端子接地回路将该信号拉低至 0V。控制单元 J386 就通过检测此电路上的电位判断车门是开启还是关闭状，即振幅为 +B 代表车门关闭，振幅为 0V 代表车门拉开。

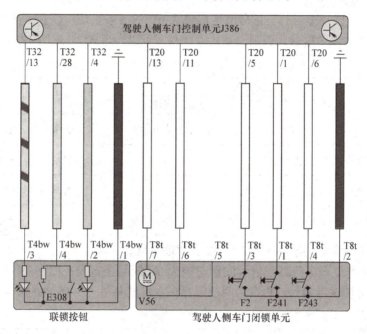

图 2-53　迈腾门锁电动机控制电路图

故障现象：

在用无钥匙进入或遥控钥匙开启或闭锁车门时，四门两盖开锁正常、闭锁无法进行；在车内操作车门联锁开关，发现所有门锁机构有解锁的声音，但没有落锁的声音。

故障分析：

用无钥匙进入可以开锁和闭锁所有车门，说明各车门门锁电动机可以正常工作，而在车内操作车门联锁开关时，没有落锁的声音，原因可能是：

1）车门联锁开关自身故障，导致档位信息缺失。

2）信号电路故障，导致档位信息缺失。

3）车门控制单元自身故障。

4）车门闭锁的条件不能满足，即个别车门的车门状态信息有误。

注意：前三个故障可能都需要在线测量，而第四个故障可能通过仪表上的信息就可以观察，可以通过观察仪表信息就很容易发现在关闭所有车门的情况下有驾驶人侧车门依旧保持开启状态，而这就是导致故障现象的主要原因。

第一步：打开点火开关，用解码器读取故障代码，发现没有相关故障记忆。

第二步：打开点火开关，用解码器读取诊断数据流，发现驾驶人侧车门始终处于开启状态。

注意：不同的车辆、不同的设备可能能读到故障代码，也可能不能读到，读到的信息也可能不同。

第三步：测量车门控制单元 J386 的 T20/5 端子对地电压波形。

此信号是由车门控制单元 J386 输出一个 0V~+B 的方波参考信号，开关动作时会通过开关内部触点构成的回路将此信号幅值下拉至 0V，因此测量时应先连接示波器，然后在操作开关的同时观察信号的变化。

任何时候，当拉开车门时，信号波形应该为 0V 的一条直线，而在关闭车门时，信号波形为 0V~+B 的方波参考信号，否则说明故障存在，可以参考表 2-15 中的方法进行诊断。

表 2-15　车门控制单元 J386 的 T20/5 端子对地电压测试

可能性	实测结果		状态	操作
	车门开启	车门关闭		
1	0V	0V~+B 的方波参考信号	正常	考虑更换控制单元
2	始终为 0V~+B 的方波参考信号		异常	测量开关端信号波形
3	始终为 0V		异常	检查对地是否短路
4	0V 到部分 +B 的方波参考信号	0V~+B 的方波参考信号	异常	测量开关端信号波形

第四步：测量驾驶人侧车门锁 T8t/3 端子对地电压。

任何时候，当拉开车门时，信号波形应该为 0V 的一条直线，而在关闭车门时，信号波形为 0V~+B 的方波参考信号，否则说明故障存在，可以参考表 2-16 中的方法进行诊断。

表 2-16　驾驶人侧车门锁 T8t/3 端子对地电压测试

可能性	实测结果		状态	可能原因	操作
	车门开启	车门关闭			
1	始终为 0V~+B 的方波信号		异常	F2 损坏，任何时候处于断路状态	检查 T8t/2 端子接地电压
				T8t/2 端子接地电路断路（参考其他功能综合分析）	
2	始终为 0V 直线波形		异常	如果上步测试有高电平信号，则可能是 J386 的 T20/5 端子至门锁 T8t/3 端子间电路断路	检查电路状况
				门锁总成内部对地短路	
				连接电路对地短路	
				J386 内部断路或对地短路	
3	0V 到部分 +B 的方波信号	0V~+B 的方波信号	异常	J386 的 T20/5 端子至门锁 T8t/3 端子间电路虚接	
				开关内部虚接	
				接地电路虚接（参考其他功能综合分析）	

第五步：导通性测试。

1）检查 J386 的 T20/5 端子与驾驶人侧车门锁的 T8t/3 端子之间电路的导通性。

关闭点火开关，拔下 J386 的 T20 和驾驶人侧车门锁 T8t 插接器，该导线端对端电阻应近乎为零，否则说明故障存在，可以参考表 2-17 中的方法进行诊断。

表 2-17　J386 的 T20/5 端子与驾驶人侧车门锁的 T8t/3 端子之间电路的导通性测试

可能性	实测结果	状态	可能原因	操作
			测试标准：	
1	近乎为零	正常	其他故障	进行下一步检查
2	无穷大	异常	T20/5 端子与 T8t/3 端子间电路断路	检修电路
3	大于 2Ω	异常	T20/5 端子与 T8t/3 端子间电路虚接	

2）开关导通性测试。关闭点火开关，测量驾驶人侧车门锁 T8t/3 端子与 T8t/2 端子之间电阻，该电阻应有两种状态，即无穷大和应近乎为零，否则说明故障存在，可以参考表 2-18 中的方法进行诊断。

表 2-18　开关导通性测试

可能性	实测结果		状态	可能原因	操作
	车门开启	车门关闭			
1	近乎为零	无穷大	正常	T8t/2 端子接地电路断路	进行下一步检查
2	无穷大	无穷大	异常	F2 损坏（触点断路）	
3	大于 2Ω	大于 2Ω	异常	F2 损坏（触点虚接）	更换驾驶人侧车门锁总成
4	近乎为零	近乎为零	异常	F2 损坏（触点短路）	

第六步：检测车门控制单元 J386 的 T20/5 端子电路对地电阻状态。

注意：需检查导线以及控制单元对地电阻状态。

关闭点火开关，断开 J386 的 T20 和驾驶人侧车门锁 T8t 插接器，用万用表测量车门控制单元 J386 的 T20/5 端子电路对地电阻，正常应无穷大，否则说明故障存在，可以参考表 2-19 中的方法进行诊断。

表 2-19　导线以及控制单元对地电阻测试

步骤	测试部位	实测结果	状态	可能原因	操作
1	测量 J386 的 T20 插接器端的 T20/5 端子对地电阻	无穷大	正常	—	转本表第 2 步
		近乎为零	异常	电路对地短路	维修电路
2	连接 J386 的 T20 插接器，测量 J386 的 T20/5 端子对地电阻	无穷大	正常	—	转本表第 3 步
		近乎为零	异常	J386 内部对地短路	更换 J386
3	连接驾驶人侧车门锁 T8t 插接器，测量 J386 的 T20/5 端子对地电阻	无穷大	正常	—	维修结束
		近乎为零	异常	门锁内部对地短路	更换门锁总成

第七步：车门锁电源负极检查。

T8t/2 端子为车门锁总成的主接地，如果接地电路不正常，可能致使车门锁开关信号输出错误或不输出，导致当前门锁系统无法正常工作。对车门锁电源负极进行检查时，可使用万用表测量车门锁的 T8t/2 端子对地电压，正常情况下应小于 0.1V，否则说明故障存在，可以参考表 2-20 中的方法进行诊断。

表 2-20　车门锁的 T8t/2 端子对地电压测试

可能性	实测结果	状态	可能原因	操作
1	0V	正常	插接器故障	检修插接器
2	+B	异常	接地电路断路	检修电路、接地点
3	0.1V~+B 间某个值	异常	接地电路虚接	检修电路、接地点

练习题：请指导老师在表 2-21 故障列表中选择合适的故障点，要求学生完成并填写诊断报告。

表 2-21　车门接触开关 F2 开关及电路的常见故障

序号	故障性质
1	门锁总成损坏（开关 F2）
2	开关 F2 的 T8t/3 端子信号电路断路
3	开关 F2 的 T8t/3 端子信号电路虚接
4	开关 F2 的 T8t/3 端子信号电路对地短路
5	开关 F2 的 T8t/3 端子信号电路对地虚接
6	开关 F2 的 T8t/2 端子接地电路断路
7	开关 F2 的 T8t/2 端子接地电路虚接
8	驾驶人侧车门控制单元 J386 故障

2.4　门锁功能开关 F241 常见故障的诊断与排除

迈腾门锁功能开关 F241 只有驾驶人侧车门装配，其余车门没有装配。如图 2-54 所示为迈腾门锁电动机控制电路原理图，从中可以看出，门锁功能开关 F241 的工作原理和信号特点如下：驾驶人侧车门控制单元 J386 通过其 T20/1 端子输出一个 0V~+B 的方波参考信号至驾驶人侧门锁的 T8t/1 端子，驾驶人在车外顺时针转动机械锁芯时，F241 开关内的直接短路端子导通，然后通过触点直接接地，将此信号振幅拉低至 0V，控制单元 J386 根据此信号判断驾驶人的意图，然后控制门锁电动机闭锁；当驾驶人逆时针转动机械锁芯时，F241 开关通过分压电阻 R 接通接地电路，将此信号振幅部分拉低，控制单元 J386 根据此信号判断驾驶人的意图，然后控制门锁电动机开锁。

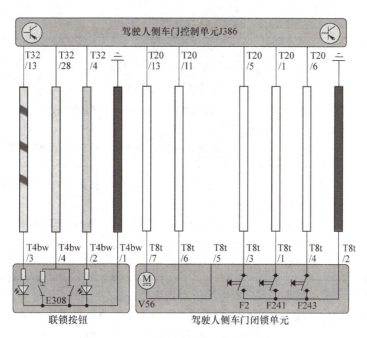

图 2-54　迈腾门锁电动机控制电路图

故障现象：

用机械钥匙可以正常转动锁芯，但不能正常闭锁整个车辆，车辆会报警；用无钥匙进入或者遥控钥匙可以正常锁闭车辆；别的功能均正常。

故障分析：

无钥匙进入及遥控钥匙可以正常闭锁车辆，说明各个门锁总成机构工作均正常；而用机械钥匙无法闭锁车辆，说明系统没有接收到正确的来自 F241 的信号，无法识别闭锁指令。

诊断过程：

第一步：打开点火开关，用解码器读取故障代码，发现没有相关故障记忆。

第二步：打开点火开关，用解码器读取诊断数据流，发现旋转机械钥匙时，相关数据没有发生变化。

注意：不同的车辆、不同的设备可能能读到故障代码，也可能不能读到，读到的信息也可能不同。

第三步：测量 J386 的 T20/1 端子对地电压。

注意：此信号是由车门控制单元 J386 输出一个 0V~+B 的方波参考波形，开关动作时会通过开关内部触点构成的回路将此信号振幅部分下拉（代表解锁）或 0V（代表闭锁），所以测试时应该选用示波器，并且是先连接好示波器，一边操作车辆，一边观察信号的变化。

任何时候，在车外驾驶人侧车门上顺时针或逆时针转动机械锁芯，观察在空档、解锁、闭锁三个档位信号变化是否符合要求，否则说明故障存在，可以参考表 2-22 中的方法进行诊断。

表 2-22　J386 的 T20/1 端子对地电压测试

可能性	实测结果			状态	操作
	未操作	逆时针转动钥匙	顺时针转动钥匙		
1	振幅为 +B	振幅为 3V	0V 直线	正常	考虑更换 J386
2	振幅为 +B	振幅为 +B	振幅为 +B	异常	检查开关信号输出端子对地电压
3	0V 直线	0V 直线	0V 直线	异常	检查电路是否对地短路或考虑更换 J386
4	振幅为 +B	振幅非 3V	非 0V 直线	异常	检查电路是否虚接
5	振幅非 +B	振幅非 3V	0V 直线	异常	检查电路是否对地虚接

第四步：测量驾驶人侧车门锁 T8t/1 端子对地电压。

任何时候，在车外驾驶人侧车门上顺时针或逆时针转动机械锁芯，观察在空档、解锁、闭锁三个档位信号变化是否符合要求，否则说明故障存在，可以参考表 2-23 中的方法进行诊断。

表 2-23　驾驶人侧车门锁 T8t/1 端子对地电压测试

可能性	实测结果			状态	可能原因	操作
	未操作	逆时针转动钥匙	顺时针转动钥匙			
1	振幅为 +B	振幅为 +B	振幅为 +B	异常	开关 F241 损坏，任何时候处于断路状态	更换 F241
					开关 F241 接地断路（综合 F2 信号可以排除）	
2	0V 直线	0V 直线	0V 直线	异常	J386 的 T20/1 端子至门锁 T8t/1 端子间电路断路	检查信号电路连接情况
					门锁总成内部对地短路	
					连接电路对地短路	
					J386 内部对地短路	
3	振幅为 +B	振幅非 3V	振幅为 0V	异常	386 的 T20/1 端子至门锁 T8t/1 端子电路虚接	
4	振幅为 +B	振幅非 3V	振幅非 0V	异常	开关内部虚接	更换 F241
					接地电路虚接（综合 F2 信号可以排除）	
5	振幅非 +B	振幅非 3V	0V 直线	异常	信号电路是否对地虚接	检查

第五步：导通性测试。

1）检查 J386 的 T20/1 端子与驾驶人侧车门锁 T8t/1 端子间电路的导通性。

关闭点火开关，拔下 J386 的 T20 和驾驶人侧车门锁 T8t 插接器，该导线端对端电阻应近乎为零，否则说明故障存在，可以参考表 2-24 中的方法进行诊断。

表2-24　J386的T20/1端子与驾驶人侧车门锁T8t/1端子间电路的导通性测试

可能性	实测结果	状态	可能原因	操作
1	近乎为零	正常	其他故障	下一步检查
2	无穷大	异常	T20/1端子与T8t/1端子间电路断路	检修电路
3	大于2Ω	异常	T20/1端子与T8t/1端子间电路虚接	

2）开关导通性测试。

任何时候，驾驶人在车外顺时针或逆时针转动机械锁芯，测量驾驶人侧车门锁T8t/1端子与T8t/2端子之间电阻，该电阻应有两种状态，即187Ω和应近乎为零，未操作时应为无穷大，否则说明故障存在，可以参考表2-25中的方法进行诊断。

表2-25　开关导通性测试

可能性	实测结果			状态	可能原因	操作
	未操作	逆时针转动钥匙	顺时针转动钥匙			
1	无穷大	约为187Ω	近乎为零	正常	其他故障	下一步
2	无穷大	无穷大	无穷大	异常	F241开关损坏（触点断路）	更换驾驶人侧车门锁总成
3	约为187Ω	约为187Ω	约为187Ω	异常	F241开关损坏（触点虚接）	
4	近乎为零	近乎为零	近乎为零	异常	F241开关损坏（触点短路）	

第六步：检测车门控制单元J386的T20/1端子电路对地电阻。

注意：需检查导线以及控制单元对地电阻状态。

关闭点火开关，断开J386的T20和驾驶人侧车门锁T8t插接器，用万用表检测车门控制单元J386的T20/1端子电路对地电阻，正常应无穷大，否则说明故障存在，可以参考表2-26中的方法进行诊断。

表2-26　车门控制单元J386的T20/1端子电路对地电阻测试

步骤	测试部位	实测结果	状态	可能原因	操作
1	测量J386的T20插接器端的T20/1端子对地电阻	无穷大	正常	—	转本表第2步
		近乎为零	异常	电路对地短路	维修电路
		大于187Ω	异常	电路对地虚接	
2	连接J386的T20插接器，测量J386的T20/1端子对地电阻	无穷大	正常	—	转本表第3步
		近乎为零	异常	J386内部电路对地短路	更换J386
		大于187Ω	异常	J386内部电路对地虚接	
3	连接驾驶人侧车门锁T8t插接器，测量J386的T20/1端子对地电阻	无穷大	正常	—	维修结束
		近乎为零	异常	车门锁内部对地短路	更换车门锁总成
		大于187Ω	异常	车门锁对地虚接	

第七步：车门锁电源负极检查。

T8t/2端子为车门锁总成的主接地，如果接地电路不正常，可能致使车门锁开关信号输出错误或不输出,导致当前门锁系统无法正常工作。对车门锁电源负极进行检查时,可使用万用表测量车门锁的 T8t/2 端子对地电压,正常情况下应小于 0.1V,否则说明故障存在,可以参考表 2-27 中的方法进行诊断。

表 2-27 车门锁的 T8t/2 端子对地电压测试

可能性	实测结果	状态	可能原因	操作
1	0V	正常	插接器故障	检修插接器
2	+B	异常	接地电路断路	检修电路、接地点
3	0.1V~+B 间某个值	异常	接地电路虚接	检修电路、接地点

练习题:请指导老师在表 2-28 故障列表中选择合适的故障点,要求学生完成并填写诊断报告。

表 2-28 接触开关 F241 开关及电路的常见故障

序号	故障性质
1	门锁总成损坏(开关 F241)
2	F241 的 T8t/1 端子信号电路断路
3	F241 的 T8t/1 端子信号电路虚接
4	F241 的 T8t/1 端子信号电路对地短路
5	F241 的 T8t/1 端子信号电路对地虚接
6	F241 的 T8t/2 端子接地电路断路
7	F241 的 T8t/2 端子接地电路虚接
8	驾驶人侧车门控制单元 J386 故障

2.5 联锁开关常见故障的诊断与排除

如图 2-55 所示为迈腾门锁电动机控制电路原理图,从中可以看出,驾驶人侧联锁开关的工作原理如下:

1)驾驶人侧车门控制单元 J386 通过其 T32/28 端子输出一个 0V~+B 的方波参考信号至驾驶人侧门锁 T4bw/4 端子,作为开关工作的参考电压,当按压驾驶人侧车门上的联锁开关闭锁键时,联锁开关总成中串有分压电阻 R 的开关闭合,信号电路通过触点、电阻和接地构成回路,将此信号幅值拉低,控制单元 J386 根据此信号控制门锁电动机闭锁。

2)当按压驾驶人侧车门上的联锁开关开锁键时,联锁开关的另外一个触点闭合,信号电路直接和接地构成回路,将此高电位拉低至 0V,控制单元 J386 根据此信号控制门锁电动机开锁。

故障现象:

用无钥匙进入、遥控钥匙可以正常开锁、闭锁所有车门,但用车门上的联锁开关无法开锁和闭锁车门;进入车内后联锁按钮上的某个指示灯常亮,其余正常。

故障分析:

由于无钥匙进入、遥控钥匙可以正常开锁、闭锁所有车门,说明所有各个锁机构总成及其控制系统工作正常,而车内的联锁开关不能正常工作,说明系统没有接收到正确的联锁开关信号。

任务2 中控门锁控制系统及检修

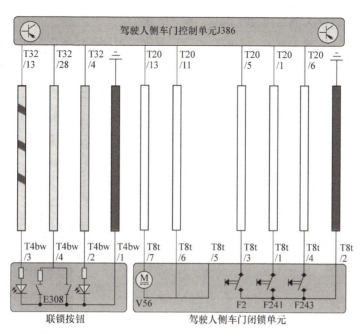

图 2-55 迈腾门锁电动机控制电路图

诊断过程：

注意：此信号是由车门控制单元 J386 输出一个 0V~+B 的方波参考信号，开关动作时会通过开关内部触点构成的回路将此信号幅值下拉或甚至到 0V，因此测量时应先连接好测试仪器，在操作中控门锁开关的同时观察信号电压的变化。

第一步：打开点火开关，用解码器读取故障代码，发现没有相关故障记忆。

第二步：打开点火开关，用解码器读取诊断数据流，发现操作中控连锁开关时，相关数据没有发生变化。

注意：不同的车辆、不同的设备可能能读到故障代码，也可能不能读到，读到的信息也可能不同。

第三步：测量车门控制单元 J386 的 T32/28 端子对地电压。

任何时候，按压驾驶人侧车门上的联锁开关开锁键或闭锁键，0V~+B 的方波参考信号都将被拉低或甚至到 0V，否则说明故障存在，可以参考表 2-29 中的方法进行诊断。

表 2-29 车门控制单元 J386 的 T32/28 端子对地电压测试

可能性	实测结果			状态	操作
	未操作	开锁	闭锁		
1	0V~+B 的方波参考信号	0V 直线	0~2V 左右的方波信号	正常	考虑更换控制单元
2	始终为 0V~+B 的方波参考信号			异常	检查开关信号输出
3	始终为 0V 直线			异常	检查电路是否接地
4	0V~+B 的方波参考信号	幅值非 0V 的方波信号	幅值非 2V 的方波信号	异常	检查开关信号输出
5	幅值非 +B 的方波信号	—	—	异常	检查电路对地电阻

第四步：测量驾驶人侧车门锁 T4bw/4 端子对地电压。

任何时候，按压驾驶人侧车门上的联锁开关开锁键或闭锁键，0V~+B 的方波参考信号都将被拉低或甚至到 0V，否则说明故障存在，可以参考表 2-30 中的方法进行诊断。

表 2-30　驾驶人侧车门锁 T4bw/4 端子对地电压测试

可能性	实测结果			状态	可能原因	操作
	未操作	开锁	闭锁			
1	始终为 0V~+B 的方波参考信号			异常	联锁开关损坏	检查开关接地电路
					T4bw/1 接地断路	
2	始终 0V			异常	如果上步测试信号，则为信号电路断路	电路检查
					开关内部对地短路	更换开关
					连接电路对地短路	电路检查
					J386 内部对地短路	更换 J386
3	0V~+B 的方波参考信号	幅值非 0V 的方波信号	幅值非 2V 的方波信号	异常	开关内部存在虚接以及接地电路虚接	更换开关

第五步：导通性测试。

1）测量 J386 的 T32/28 与驾驶人侧车门锁 T4bw/4 电路的导通性。

关闭点火开关，拔下 J386 的 T32 和驾驶人侧车门锁 T4bw 插接器，用万用表测量 J386 的 T32/28 与驾驶人侧车门锁 T4bw/4 间电路的电阻，该导线端对端电阻应近乎为零，否则说明故障存在，可以参考表 2-31 中的方法进行诊断。

表 2-31　J386 的 T32/28 与驾驶人侧车门锁 T4bw/4 间电路的导通性测试

可能性	实测结果	状态	可能原因	操作
1	近乎为零	正常	存在其他故障	进一步诊断
2	无穷大	异常	T32/28 与 T4bw/4 间电路断路	检修电路
3	大于 2Ω	异常	T32/28 与 T4bw/4 间电路虚接	

2）开关导通性测试。按压驾驶人侧车门上的联锁开关开锁键或闭锁键，测量驾驶人侧车门锁 T4bw/4 插针与 T4bw/1 插针之间电阻，该电阻应有两种状态，即 100Ω 左右和近乎为零，未操作时应为无穷大，否则说明故障存在，可以参考表 2-32 中的方法进行诊断。

表 2-32　开关导通性测试

可能性	实测结果			状态	可能原因	操作
	未操作	开锁	闭锁			
1	无穷大	近乎为零	约为 180Ω	正常	—	—
2	无穷大	无穷大	无穷大	异常	联锁开关损坏（触点断路）	更换驾驶人侧车门锁总成
3	约为 180Ω	约为 180Ω	约为 180Ω	异常		
4	近乎为零	近乎为零	近乎为零	异常		

第六步：测量 J386 的 T32/28 端子对地电阻。

关闭点火开关，断开 J386 的 T32 和驾驶人侧车门锁 T4bw 插接器，用万用表测量 J386 的 T32/28 端子对地电阻，测试结果应无穷大，否则说明故障存在，可以参考表 2-33 中的方法进行诊断。

表 2-33　J386 的 T32/28 端子对地电阻测试

步骤	测试部位	实测结果	状态	可能原因	操作
1	测量 J386 的 T32 插接器端的 T32/28 端子对地电阻	无穷大	正常	—	转本表第 2 步
		近乎为零	异常	电路对地短路	维修电路
2	连接 J386 的 T32 插接器，测量 J386 的 T32/28 端子对地电阻	无穷大	正常	—	转本表第 3 步
		近乎为零	异常	J386 内部电路对地短路	更换 J386
3	连接驾驶人侧车门锁 T4bw 插接器，测量 J386 的 T32/28 端子对地电阻	无穷大	正常	—	维修结束
		近乎为零	异常	联锁按钮内部对地短路	更换联锁按钮

第七步：车门锁电源负极检查。

T4bw/1 为车门锁总成的主接地，如果接地电路不正常，可能致使联锁开关信号输出错误或不输出，导致门锁系统无法正常工作，当然中控连锁开关的两个状态指示灯也不会正常工作，所以在分析的时候要考虑这两个因素。对负极进行检查时，应使用万用表测量联锁开关的 T4bw/1 端子对地电压，测试结果应小于 0.1V，否则说明故障存在，可以参考表 2-34 中的方法进行诊断。

表 2-34　联锁开关的 T4n/1 端子对地电压测试

可能性	实测结果	状态	可能原因	操作
1	0V	正常	插接器故障	检修插接器
2	0.1V~+B 间（注意，需要操作开关）	异常	接地电路虚接	检修电路、接地点

练习题：请指导老师在表 2-35 故障列表中选择合适的故障点，要求学生完成并填写诊断报告。

表 2-35　接触联锁开关开关及电路的常见故障

序号	故障性质
1	联锁开关损坏
2	联锁开关的 T4bw/3 端子信号电路断路
3	联锁开关的 T4bw/3 端子信号电路虚接
4	联锁开关的 T4bw/3 端子信号电路对地短路
5	联锁开关的 T4bw/3 端子信号电路对地虚接
6	联锁开关的 T4bw/1 端子接地电路断路
7	联锁开关的 T4bw/1 端子接地电路虚接
8	驾驶人侧车门控制单元 J386 故障

2.6　左后侧车门触摸传感器信号电路故障的诊断

故障现象：

左后侧车门无钥匙进入功能失效，操作时钥匙指示灯不闪烁，其他车门无钥匙进入功能正常，其余正常。

故障分析：

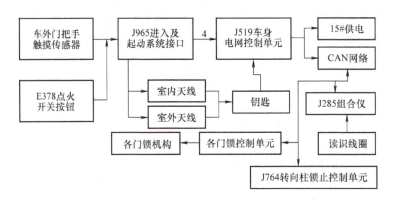

图 2-56　迈腾无钥匙进入系统工作原理图

注意：有的车型每个车门均有天线，则可以按照以下思路进行分析。

如图 2-56 所示为迈腾无钥匙进入系统工作原理图，从中可以看出，左后侧车门无钥匙进入功能失效，操作时钥匙指示灯不闪烁，说明左后车门车外门把手触摸传感器→J965→车门室外天线→钥匙工作异常。

但由于除左后侧以外的其他车门的无钥匙进入功能正常，操作时钥匙指示灯闪烁，说明其他车门车外门把手触摸传感器→J965→车门室外天线→钥匙工作正常。

所以基于门把手的电路图（图 2-57），左后门无钥匙功能失效的原因为钥匙没有接收到正常的室外天线信号，从而没有触发中控门锁系统，具体表现在：

1）室外天线自身故障。
2）天线与 J965 之间电路故障。
3）J965 自身故障。
4）J965 与左后侧车门触摸传感器之间的电路故障。
5）左后侧车门触摸传感器自身故障。
6）左后侧车门触摸传感器接地故障。

基于故障树的诊断原理，应首先测量左后侧车门进入及起动许可天线的电压输入是否正常。

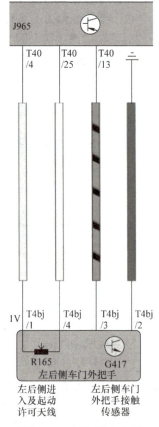

图 2-57　门把手电路图

注意：有的车型后侧车门门把手单元中均没有天线，无钥匙进入只受 B 柱前面 3 根天线的影响。所以当其他车门无钥匙进入正常时，说明天线没有问题。诊断时可以直接从触摸传感器信号输入端开始。

诊断思路：

第一步：读取故障代码，无码，按照之前的分析进行诊断。

第二步：测量左后侧车门进入及起动许可天线两端之间（门把手端）的波形信号。

注意：没有操作时，信号为 0V 的一条直线。

反复操作车门把手，尝试打开和闭锁车门，用示波器测量 R165 的 T4bj/1 端子和 T4bj/4 端子之间的信号波形。正常情况下，应测得类似图 2-58 所示的波形。实测结果为一条直线，信号异常，说明天线 R165 没有接收到来自 J965 的信号，可能原因为：

1）R165 与 J965 之间电路故障。

2）J965 自身故障。

3）J965 与 G417 之间电路故障。

4）G417 自身故障。

5）G417 接地故障。

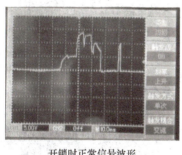

开锁时正常信号波形

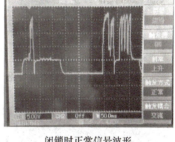

闭锁时正常信号波形

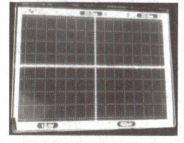

开锁时实测信号波形

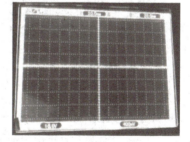

闭锁时实测信号波形

图 2-58　进入及起动许可天线两端之间的波形信号

第三步：测量驾驶人侧车门进入及起动许可天线两端之间（J965 端）的波形信号。

反复操作车门把手，尝试打开和闭锁车门，用示波器测量 R165 的 T40/5 端子和 T40/25 端子之间的信号波形。正常情况下，应测得类似上面的波形。实测结果为一条直线，信号异常，说明 J965 没有发出信号，可能原因为：

1）J965 自身故障。

2）J965 与 G417 之间电路故障。

3）G417 自身故障。

4) G417 接地故障。

第四步：测量左后侧车门外门把手接触传感器（J965 端）的波形信号。

注意：没有操作时，信号为 0V 的一条直线。

反复操作车门把手，尝试打开和闭锁车门，用示波器测量 J965 的 T40/13 端子与接地之间的信号波形。正常情况下，应测得类似图 2-59 所示的波形。实测结果为 0V 的一条直线，信号异常，说明 J965 没有接收到来自传感器的信号，可能原因为：

1) J965 与 G417 之间电路故障。

2) G417 自身故障。

3) G417 接地故障。

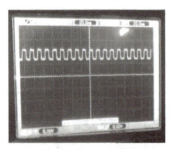
开锁时正常波形(频率增大)

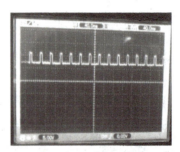
闭锁时正常波形(频率减小)

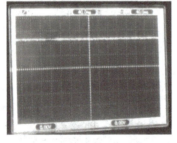
开锁时实测信号波形

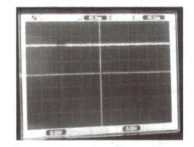
闭锁时实测信号波形

图 2-59　门把手接触传感器信号波形

第五步：测量左后侧车门外门把手接触传感器（门把手端）的波形信号。

反复操作车门把手，尝试打开和闭锁车门，用示波器测量 G417 的 T4bj/3 端子和 T4bj/2 端子之间的信号波形。正常情况下，应测得类似图 2-60 所示的波形。实测结果为 0V 的一条直线，信号异常，说明 G417 没有接收到来自 J965 的电源信号，可能原因为 J965 与 G417 之间电路断路。

第六步：检查左后侧车门外门把手接触传感器与 J965 之间电路是否正常。

断开两端的电气插接器，测量两端之间的电阻，结果为无穷大，确认断路。修复电路后，故障恢复。

注意：可设故障包括断路、虚接、对正极短路、对正极虚接、对负极短路、对负极虚接。

机理分析：

由于左后侧车门外门把手接触传感器信号电路故障，导致系统无法感知驾驶人意愿，所以没有触发任何功能。

2.7 驾驶人侧车门天线信号电路故障的诊断

故障现象：
1）所有车门无钥匙进入功能失效，操作时钥匙指示灯不闪烁；使用钥匙遥控键可以开启车门。
2）打开车门进入车内，仪表显示车门状态正常，（偶尔）能感觉到油泵运转，转向盘解锁（适用于点火开关前解锁的车型），仪表间歇提示"无钥匙进入功能失效"。
3）操作 E378，发动机可以起动。

故障分析：
1）所有车门无钥匙进入时钥匙指示灯不能闪烁，说明各车门触摸传感器→J965→室外天线→钥匙工作异常。
2）但一键起动可以打开点火开关，说明钥匙、J965 及其电源、通信工作正常。

所以无钥匙功能失效的原因为钥匙没有接收到正常的室外天线信号，从而没有触发中控门锁系统，具体表现在：
① 室外天线自身故障。
② 天线与 J965 之间电路故障。
③ J965 自身故障。

诊断思路：需要验证有没有故障代码，所有波形需要验证。

第一步：读取故障代码：1057035，驾驶人侧进入及起动系统天线断路。进一步验证了之前的分析是正确的。

第二步：测量驾驶人侧车门进入及起动许可天线两端之间（门把手端）的波形信号。

反复操作车门把手，尝试打开和闭锁车门，用示波器测量 R134 的 T4ht/1 端子和 T4ht/4 端子之间的信号波形。正常情况下，应测得类似图 2-60 所示的信号波形。实测结果为 0V 直波，信号异常，说明天线 R134 没有接收到来自 J965 的信号，可能原因为：
1）R134 与 J965 之间电路故障。
2）J965 自身故障。
3）J965 与 G415 之间电路故障。
4）G415 自身故障。
5）G415 接地故障。

第三步：测量驾驶人侧车门进入及起动许可天线两端之间（J965 端）的波形信号。

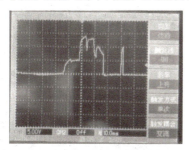
开锁时正常信号波形

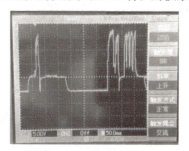
闭锁时正常信号波形

图 2-60 进入及起动许可天线信号波形

反复操作车门把手，尝试打开和闭锁车门，用示波器测量 J965 的 T40/22 和 T40/24 间的信号波形，实测结果为异常（图2-61），说明R134没有接收到J965发出的信号，可能原因为：

1）J965与R134之间电路故障。

2）R134自身故障。

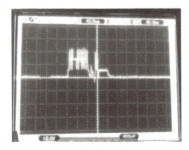 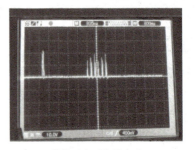

开锁时实测信号波形　　　　　　　　闭锁时实测信号波形

图2-61　进入及起动许可天线信号波形

第四步：断开两端的电气插接器，测量两端之间的电阻，结果为无穷大，确认断路。修复电路后，故障恢复。

注意：可设故障包括：断路、虚接、对正极短路、对正极虚接、对负极短路、对负极虚接。

机理分析：

由于驾驶人侧车门外门天线电路故障，导致天线无法接收到J965要其寻找钥匙的信号，而且B柱前3个天线信号缺一不可，所以所有车门无钥匙进入功能失效。

任务 3
电动后视镜系统及检修

一、任务描述

迈腾电动后视镜运行常见的、稳定的故障现象有以下两种：
1）所有后视镜异常。
2）一侧后视镜异常。

二、任务分析

要想完成以上故障的诊断与排除，需要具备以下知识和技能。

1. 相关知识
1）汽车舒适系统的总述。
2）汽车后视镜控制系统的认知和检测。
3）迈腾网络总线系统。
4）迈腾后视镜控制组成与工作原理。

2. 相关技能
1）万用表、示波器、解码器等常见设备的使用。
2）维修资料的查阅、电路原理图的识读和分析。
3）常见故障的诊断与排除。
4）5S 管理和操作。

三、故障分析

1. 初步分析
1）利用无钥匙进入或遥控钥匙开启或锁闭车门，观察后视镜是否可以正常展开或折叠，如果两侧后视镜上的转向灯闪烁正常，但均不能正常展开，则可能是车辆设置的问题；如果只是某侧后视镜不能展开或折叠（其余正常），则说明该侧折叠电动机、折叠电动机与控制单元之间电路、控制单元自身存在故障。

注意：后视镜的打开或折叠，在三种方式下均可以实现。这三种方式是：无钥匙进入、操作遥控钥匙、操作车门内的 E512 上的折叠开关。如果一种方式下工作异常，可以使用另外两个模式进行控制，通过综合试验结果分析故障可能。

2）打开点火开关，观察仪表显示是否正常，如果仪表显示异常，就需要结合电路图、维修手册先排除仪表显示异常的故障。

3）接着操作驾驶人侧玻璃升降器开关 E512 上的后视镜转换开关至左侧后视镜调节位置，如图 3-1 所示，上下或左右推动手柄，驾驶人侧后视镜应能正常调节，同时前排乘员侧后视镜应能随驾驶人侧后视镜的调节同时动作。

① 如果左、右后视镜所有调节功能均失效，基于故障概率，两个折叠电动机及其电路同时出现故障的概率很低，通常是由于整个控制系统的共同部分，即控制开关的信号输入部分，根据电路图（图 3-2）分析，主要原因包括：

图 3-1　迈腾驾驶人侧后视镜调节

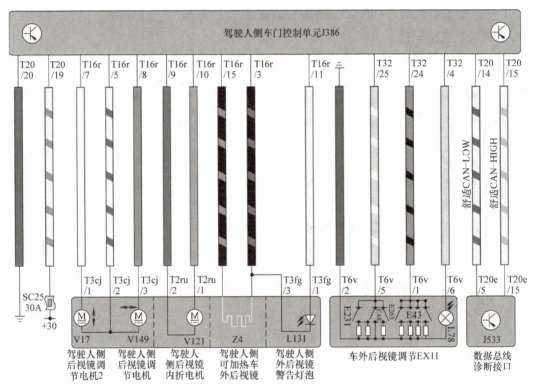

图 3-2　迈腾左侧后视镜电路图解

a. 开关本身（包括左右选择和调节开关）或开关接地故障（注意开关接地故障可以通过其照明灯、折叠功能进行综合分析）。

b. 开关与驾驶人侧车门控制单元 J386 之间电路的故障。

c. J386 或其电源故障（可以参考 J386 的其他功能予以判定）。

② 如果只是驾驶人侧后视镜所有调节功能异常，则可能存在以下故障的一个或多个。

a. 驾驶人侧车门控制单元 J386 内部故障。

b. J386 与驾驶人侧后视镜电动机之间电路故障。

c. 驾驶人侧后视镜电动机自身故障。
③ 如果只是前排乘员侧后视镜所有调节功能异常，则可能存在以下故障的一个或多个。
a. 前排乘员侧车门控制单元 J386 内部故障。
b. J387 与前排乘员侧后视镜电动机之间电路故障。
c. 前排乘员侧后视镜电动机自身故障。
④ 如果所有后视镜水平调节功能异常，基于故障概率，暂时不考虑两个后视镜调节电动机同时损坏的情况，那造成该故障的可能原因为：
a. 开关内部水平调节触点、电路板故障。
b. 开关与控制单元之间电路故障。

注意：如果为单个后视镜水平调节功能异常，则为对应的后视镜水平调节电动机及控制电路故障。

⑤ 如果所有后视镜垂直调节功能异常，基于故障概率，暂时不考虑两个后视镜调节电动机同时损坏的情况，那造成该故障的可能原因为：
a. 开关内部垂直调节触点、电路板故障。
b. 开关与控制单元之间电路故障。

注意：如果为单个后视镜垂直调节功能异常，则为对应的后视镜垂直调节电动机及控制电路故障。

4）接着，操作驾驶人侧玻璃升降器开关 E512 上的后视镜转换开关至右侧后视镜调节位置，上下或左右推动手柄，前排乘员侧后视镜应能正常调节，如图 3-3 所示。

如果前排乘员侧后视镜功能异常，则只能为后视镜转换开关内部故障，即右侧后视镜选择调节信号故障，控制单元无法识别后视镜调节开关选择至右侧位置。

5）接着按操作开关 E512 上的后视镜折叠和展开按键，左右后视镜应正常折叠或展开，如图 3-4 所示。

图 3-3　迈腾前排乘员侧后视镜调节

图 3-4　迈腾后视镜折叠

如果左、右后视镜折叠或展开功能都异常，根据故障概率及之前的检查情况下，则可能存在以下故障的一个或多个。
① 开关本身、开关接地故障。

注意：开关接地故障可以通过开关照明灯、左右选择、后视镜调整的功能是否正常来进行判定。

② 开关与驾驶人侧车门控制单元 J386 之间电路故障。
③ 驾驶人侧车门控制单元 J386 自身故障。

注意：因为之前检查过无钥匙进入或利用遥控钥匙开启车门时后视镜的展开情况下，因此此处不再涉及车门控制单元、信号电路、折叠电动机的问题。

6）接着按压开关 E512 上的后视镜加热按键，左右后视镜应开始加热。

① 如果左、右后视镜加热均异常，根据故障概率及之前的检查情况下，则可能存在以下故障的一个或多个。

a. 开关本身、开关接地故障。

注意：开关接地故障可以通过开关照明灯、左右选择、后视镜调整的功能是否正常来进行判定。

b. 开关与驾驶人侧车门控制单元 J386 之间电路故障。

c. 驾驶人侧车门控制单元 J386 自身故障。

② 如果只是一侧功能异常，则可能该侧车门控制单元、信号线束或加热丝可能存在故障。

2.DTC 分析

现在汽车一般都具有自诊断功能，即使通过故障现象可以明确故障范围，但也最好首先读取故障记忆，因为这特别有利于快速发现故障。如果有故障代码，应清楚故障代码的定义和生成的条件，并基于此展开诊断和故障检修；如果没有故障代码，则基于系统的结构和工作原理进行系统诊断。

在利用故障代码进行故障诊断时，一定要仔细阅读故障代码的定义和生成条件，从中可以明确故障代码的生成机理，并根据机理确定验证故障代码真实性的方法，进而有利于提高诊断效果。

一般利用故障代码进行故障诊断时按以下步骤进行：

1）对后视镜进行检查时，可以连接故障诊断仪器，扫描表 3-1 中的网关列表，读取故障代码。

表 3-1　后视镜故障检查时诊断仪器查询的控制单元

数据诊断接口 J533	车载电网控制单元 J519
驾驶人侧车门控制单元 J386	前排乘员侧车门控制单元 J387

按照当前的故障，左、右后视镜异常，实测过程中会遇到三种情况。

第一种情况：诊断仪器可以正常和以上控制单元通信，但系统没有故障记忆。

第二种情况：诊断仪器可以正常和车载电网控制单元 J519 通信，并能读取到系统中所存储的故障代码，此时应结合故障代码信息进行维修。

第三种情况：在打开点火开关后操作诊断仪器，诊断仪器不能正常和以上控制单元通信，并无法读取系统中所存储的故障代码。

2）根据故障代码，查阅资料，了解故障代码的定义和生成条件，验证故障代码的真实性，验证的方法也分两步。

① 通过清除故障代码、模仿故障工况运行车辆、再次读取故障代码。

② 通过数据流或在线测量值来判定故障真实性，并由此展开系统测量。

3. 无码分析

如果没有故障代码显示，那就需要技术人员结合故障现象，分析系统电路图，列举故障可能，并按照正确的流程、利用合适的测试设备、进行正确的测量，从而发现故障所在。

四、诊断流程

面对左、右后视镜所发生的各种故障，诊断及处理失误将给企业和个人造成相当大的损失。正确的诊断及处理，不可能来自于盲目的主观臆断，而应该建立在获取与故障有关信息的基础上，依据迈腾舒适系统、后视镜控制系统、CAN 总线系统的工作原理以及控制结构，运用科学的分析方法，按照合理的步骤进行综合分析，去伪存真、舍次取主，排除故障受害者，找出故障肇事者，这才是提高故障诊断准确性的关键所在。为了便于分析，不至于被众多杂乱无章的信息扰乱思路，需要结合电路原理图，遵从以下流程进行诊断维修。

注意：在制定诊断流程时，应考虑玻璃升降器、中控门锁及电动后视镜的其他功能的运行情况。迈腾车左、右后视镜异常诊断流程，见表3-2。

表 3-2 迈腾车左、右后视镜异常诊断流程

步骤	操作	结果		备注
1	确认 +B 是否大于 11.5V	正常转步骤 2	不正常给蓄电池充电或更换	确保蓄电池正负极接头连接牢靠，不脏污
2	打开点火开关至 ON 档，仪表显示应正常点亮	正常转步骤 3	仪表显示不正常首先结合电路图、手册维修仪表显示异常故障	仪表显示异常可能为数据总线、+15 信号存在故障或仪表自身的故障
3	操作开关 EX11 上的后视镜转换开关至左侧后视镜调节位置，上下或左右推动手柄，两侧后视镜应能正常调节	正常转步骤 4	异常转步骤 7	结合玻璃升降器、中控门锁及电动后视镜的其他功能确定故障所在
4	操作开关 EX11 上的后视镜转换开关至右侧后视镜调节位置，上下或左右推动手柄，前排乘员侧后视镜应能正常调节	正常转步骤 5	异常转步骤 7	
5	操作开关 EX11 上的后视镜折叠和展开按键，左右后视镜应正常折叠或展开	正常转步骤 6	异常转步骤 7	
6	操作开关 EX11 上的后视镜加热按键，左右后视镜应开始加热	正常转步骤 12	异常转步骤 7	
7	连接故障诊断仪器，读取故障代码	正常读取，转步骤 8	无法读取故障代码，转步骤 9 无故障代码转步骤 10	
8	根据实施维修里故障代码进行诊断、维修	正常转步骤 11		
9	检测 OBD-II 诊断接口及相关电路	正常转步骤 7	执行 "OBD-II 诊断接口" 诊断	使用连线时，如果解码器不亮或者使用无线传输方式时怀疑无线单元不能通信时进行该诊断
	检测舒适 CAN 总线通信		执行 "舒适 CAN 总线通信" 诊断	
10	插接器检查 结合维修手册、电路图对故障系统供电、接地电路进行电压、通断测量	正常转步骤 11	不正常维修故障部位	包括外观、退针、锈蚀等项目 测量项目包括对地电压、电阻和端对端电阻
11	故障检验	正常转步骤 12	不正常转步骤 8	
12	维修完成			

五、实施维修

1. 根据故障代码提示进行维修

利用解码器读取故障代码,按照本资源库中提供的针对每个故障代码制定的诊断流程进行故障诊断。

2. 电路检测

根据系统的结构原理,对后视镜控制开关、左侧后视镜总成、右侧后视镜总成、驾驶人侧车门控制单元 J386、前排乘员侧车门控制单元 J387 等电路进行检测,检测方法参照相关内容。

3. 部件检测

根据系统的结构原理,对后视镜控制开关、左侧后视镜总成、右侧后视镜总成、驾驶人侧车门控制单元 J386、前排乘员侧车门控制单元 J387 等元器件进行检测,检测方法参照相关内容。

六、总结拓展

技术报告:参照高职大赛工作页完成诊断报告,教师应根据需要设置好故障点,也可根据本课件中提供的实际案例制定标准答案。

拓展实训:教师可以在车辆给学生设置相类似的其他故障,让学生独立完成,以考核学生的掌握水平。

3.1 后视镜控制系统的组成与工作原理

一、后视镜控制系统的组成

迈腾后视镜控制系统通过车门控制单元集中进行控制,如图 3-5 所示,系统包含以下元器件:

1)后视镜控制开关。
2)左侧后视镜总成。
3)右侧后视镜总成。
4)驾驶人侧车门控制单元 J386。
5)前排乘员侧车门控制单元 J387。

1. 后视镜控制开关

如图 3-6 所示为安装在车门内衬上的后视镜控制开关,主要由后视镜调节开关 E43、后视镜调节转换开关 E48、后视镜加热按钮 E231、后视镜内折开关 E263 和开关内部照明灯组成。

为了减少信号电路连接数量,迈腾后视镜控制开关内部采用触点和分压电阻相结合的输出方式,将通常的输出信号线(左侧后视镜调节、右侧后视镜调节、左侧后视镜垂直/水平调节、右侧后视镜垂直/水平调节、左右侧后视镜加热、左右侧后视镜折叠)简化为仅仅采用两根信号线输出,通过两根信号线上的电动压组合判断后视镜的调节意图。

任务3　电动后视镜系统及检修

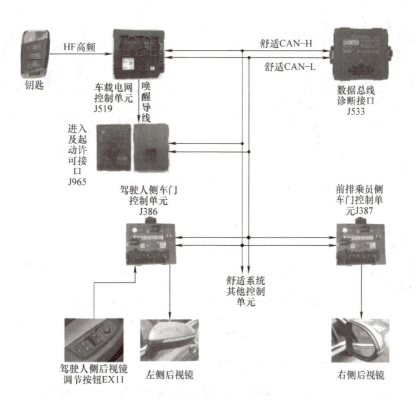

图 3-5　迈腾后视镜控制结构

驾驶人侧车门控制单元 J386 通过这两根信号线向开关提供 0V~+B 的方波参考信号，当操作开关在不同的档位（左侧后视镜垂直/水平调节、右侧后视镜垂直/水平调节、左侧后视镜调节、右侧后视镜调节、左右侧后视镜加热、左右侧后视镜折叠）时，通过开关内部触点和分压电阻将参考信号的幅值改变，J386 接收到这两个被改变的信号电压后，控制后视镜电动机以及加热元件做相应动作。

图 3-6　迈腾后视镜控制开关

2. 后视镜总成

如图 3-7 所示为迈腾汽车的右侧和左侧后视镜，其主要作用是让驾驶人观察汽车左右两侧的行人、车辆以及其他障碍物的情况，确保行车或倒车安全。

如图 3-8 所示为迈腾左侧后视镜控制电路原理图，从中可以看出迈腾后视镜总成包括：后视镜水平/垂直调节电动机、后视镜折叠/展开电动机、后视镜加热丝、后视镜转向灯、后视镜登车照明灯等。

图 3-7 迈腾左右侧后视镜

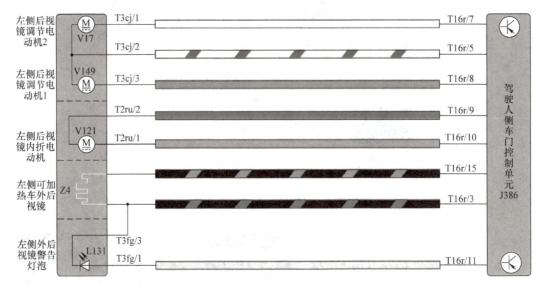

图 3-8 迈腾左侧后视镜控制电路原理图

（1）后视镜垂直、水平调节电动机

调节电动机主要以枢轴为中心，由能进行垂直和水平方向灵活变换位置的两个独立可逆的微电动机、联动机构等组成，如图3-9所示。

如图3-10所示为后视镜调节（电动机控制）电路图，从中可以看出，后视镜垂直和水平调节电动机有一根共用电路，即V17和V149共用一根控制导线T3cj/2，无论V17还是V149工作，这根电路都会出现低电位或高电位。

以左侧后视镜为例，后视镜水平调节时，微电动机V17可以沿两个方向工作，如果电动机控制电路电压相反，即T3cj/2端子和T3cj/1端子电压相反，电动机运转方向相反，通过连接机构带动后视镜左右水平摆动；后视镜垂直调节时，微电动机V149可以沿两个方向工作，如果电动机控制电路电压相反，即T3cj/2和T3cj/3端

图 3-9 迈腾后视镜调节电动机

子电压相反，电动机运转方向相反，通过连接机构带动后视镜上下垂直摆动。

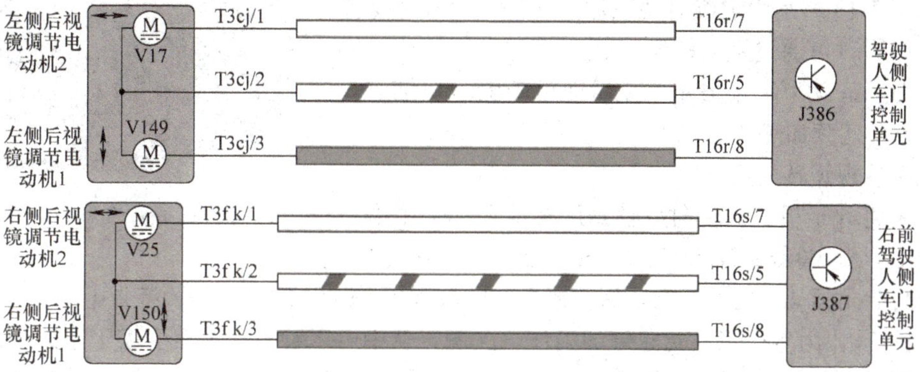

图 3-10　后视镜控制电路原理图

（2）后视镜折叠/展开电动机

如图 3-11 所示为迈腾后视镜折叠电动机，车辆在行车过程中难免发生一些意外事故，后视镜作为安装在车辆上宽度最宽的零部件，在造成相擦的情况下，最易受到冲击，为了最大程度避免擦伤，就需要后视镜有折叠功能。具有折叠功能的后视镜，在通过狭窄路段时可以收缩起来，提高了汽车的通过性，在驾驶人离开车子的时候，也可以把后视镜折叠起来，不仅可以保护镜面，还可以缩小停车泊位空间，有效地避免了刮蹭。

图 3-11　迈腾后视镜折叠电动机

后视镜折叠/展开电动机和后视镜垂直调节电动机工作原理一样，只不过此电动机在每个后视镜里只有一个，如图 3-12 所示为后视镜折叠/展开电动机电路原理图。

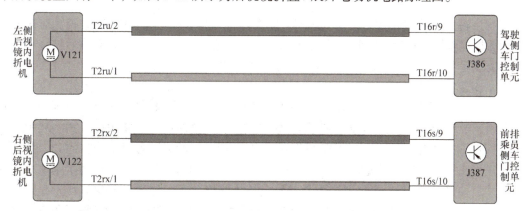

图 3-12　后视镜折叠/展开电动机电路原理图

以驾驶人侧后视镜为例，后视镜折叠/展开工作时，微电动机 V121 可以沿两个方向工作，如果电动机控制电路电压相反，即 T2ru/1（+、−）和 T2ru/2（−、+）端子电压相反，电动机运转方向相反，通过连接机构带动后视镜折叠或展开。

（3）后视镜加热丝

如图 3-13 所示为迈腾后视镜加热元件，当镜片有雾或冬天有霜时可通过室内控制按钮对镜片进行加热，一般加热 20min 就可完全去霜，随后即可断电，如果空气湿度较大可连续加热。

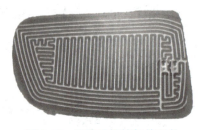

图 3-13 迈腾后视镜加热元件

（4）后视镜转向灯

迈腾将叶子板上的转向灯移到后视镜上，采用集中管理，由 CAN 总线系统传输控制信号给车门控制单元，然后控制单元驱动转向灯运行。后视镜上转向灯采用 LED，发光率高，节省电量。

如图 3-14 为后视镜上转向灯的工作电路图，从中可以看出其直接受控于车门控制单元，在无钥匙进入、操作遥控器、转向、按下危险警告灯开关、车辆发生碰撞或被非法侵入式，该转向灯会闪烁，控制单元通过占空比信号为转向灯提供电源。

图 3-14 迈腾后视镜转向灯电路原理图

二、迈腾后视镜工作过程

迈腾后视镜开关安装在驾驶人侧玻璃升降器操作开关 E512 上，在调节后视镜时需先调节左侧后视镜位置，再调节右侧后视镜位置。因为在调节左侧后视镜时，右侧后视镜会随着左侧的调节运动；而在调节右侧时，左侧后视镜不会再次运动。

1. 左侧后视镜调节

如图 3-15 所示为迈腾后视镜调节开关电路原理图，其中 E43 为后视镜调节开关，E48 为后视镜调节转换开关，E231 为车外后视镜加热按钮，E263 为后视镜内折开关。从中可以看出，打开点火开关，J386 为后视镜调节开关提供 0V～+B 的方波参考信号，此时，如果将后视镜开关选择在左侧后视镜调节位置，通过开关内部触点和分压电阻输出两个幅值改变的波形信号，控制单元 J386 接收到这两个信号电压（幅值）后和控制单元内部预先存储的后视镜控制图谱数据（左侧后视镜调节、右侧后视镜调节、左侧后视镜垂直/水平调节、右侧后视镜垂直/水平调节、左右侧后视镜加热、左右侧后视镜折叠）电压（幅值）对比，如果图谱动作数据电压（幅值）对比成功，控制单元 J386 将准备接收后视镜调节开关发送的左侧后视镜调节信号。同时，控制单元 J386 将这一信息通过舒适 CAN 总线发送给前排乘员侧车门控制单元 J387，控制单元 J387 将准备接收后视镜调节开关发送的右后视镜调节信号。

图 3-15　迈腾后视镜调节开关电路原理图

如图 3-16 所示为迈腾后视镜控制系统原理图，从中可以看出，向上推动后视镜调节手柄，通过开关内部触点和分压电阻输出两个信号电压（幅值），J386 控制单元接收到这两个信号后，控制左侧后视镜里的垂直电动机运转，机械机构带动后视镜向上运动，如果驾驶人感觉后视镜运动位置适合观察，松开手柄，信号断开，电动机（后视镜）停止运动。向下推动后视镜调节手柄，控制过程和向上相反。

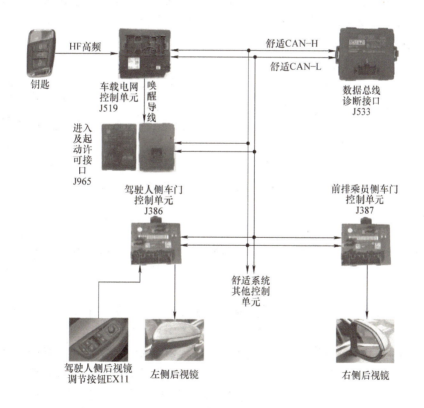

图 3-16　迈腾后视镜控制系统原理图

同时，控制单元 J386 将后视镜垂直调节信号通过舒适 CAN 总线发送给前排乘员侧车门控制单元 J387，控制单元 J387 接收到此信号后控制右侧后视镜垂直电动机做相同动作。

向左推动后视镜调节手柄，通过开关内部触点和分压电阻输出两个信号电压（幅值），

J386控制单元接收到这两个信号后，控制左侧后视镜里的水平电动机运转，机械机构带动后视镜水平运动，如果驾驶人感觉后视镜运动位置适合观察，松开手柄，信号断开，电动机（后视镜）停止运动。向右推动后视镜调节手柄，控制过程和向左相反。

同时，控制单元J386将后视镜水平调节信号通过舒适CAN总线发送给前排乘员侧车门控制单元J387，控制单元J387接收到此信号后控制右侧后视镜水平电动机做相同动作。

2. 右侧后视镜调节

左侧后视镜调节完成后，将后视镜开关选择在右侧后视镜调节位置，通过开关内部触点和分压电阻输出两个信号电压（幅值），驾驶人侧车门控制单元J386接收到两个电压信号（幅值）后，J386控制单元将这两个输入的信号电压（幅值）和控制单元内部预先存储的后视镜控制图谱数据（左侧后视镜调节、右侧后视镜调节、左侧后视镜垂直/水平调节、右侧后视镜垂直/水平调节、左右侧后视镜加热、左右侧后视镜折叠）电压（幅值）对比，如果图谱动作数据电压对比后，确认要调节右侧后视镜位置，控制单元J386这一信息通过舒适CAN总线发送给前排乘员侧车门控制单元J387，控制单元J387将准备接收后视镜调节开关发送的后视镜调节信号。

右侧后视镜调节和左侧调节一样，通过后视镜调节开关调节后视镜水平和垂直位置。但是在调节右侧后视镜时，左侧后视镜里的微电动机是不会动作的，即左侧后视镜镜片不会动作，停止并保持在上次调节的位置。

3. 后视镜折叠和展开

按压后视镜开关上的后视镜折叠和展开按键，驾驶人侧车门控制单元J386接收到开关触点和内部电阻分压后的电压（幅值）信号，J386控制单元将这些输入的信号电压（幅值）和控制单元内部预先存储的后视镜控制图谱数据（左侧后视镜调节、右侧后视镜调节、左侧后视镜垂直/水平调节、右侧后视镜垂直/水平调节、左右侧后视镜加热、左右侧后视镜折叠）电压（幅值）对比，图谱动作数据电压（幅值）对比后，确认要后视镜折叠或展开，控制单元J386随即接通后视镜折叠或展开电路，通过左侧后视镜折叠/展开电动机V121控制后视镜动作。

同时控制单元J386将这一信息通过舒适CAN总线发送给前排乘员侧车门控制单元J387，控制单元J387将接收到后视镜折叠或展开信号，控制单元J387随即接通后视镜折叠或展开电路，通过前排乘员侧后视镜折叠/展开电动机V122控制后视镜动作。

4. 后视镜加热

按压后视镜开关上的后视镜加热按键，驾驶人侧车门控制单元J386接收到开关触点和内部电阻分压后的电压（幅值）信号，J386控制单元将这些输入的信号电压（幅值）和控制单元内部预先存储的后视镜控制图谱数据（左侧后视镜调节、右侧后视镜调节、左侧后视镜垂直/水平调节、右侧后视镜垂直/水平调节、左右侧后视镜加热、左右侧后视镜折叠）电压（幅值）对比，如果图谱动作数据电压对比后，确认要加热后视镜，控制单元J386随即接通后视镜加热电路，通过驾驶人侧加热元件Z4对后视镜加热。

同时控制单元J386将这一信息通过舒适CAN总线发送给前排乘员侧车门控制单元J387，控制单元J387将准备接收到后视镜调加热信号，控制单元J387随即接通后视镜加热电路，通过前排乘员侧加热元件Z5对后视镜加热。

3.2 后视镜转换开关常见故障的诊断与排除

如图 3-17 所示为迈腾后视镜控制开关的电路原理图,从中可以看出,后视镜转换开关的工作原理如下:驾驶人侧车门控制单元 J386 通过其 T32/25 输出一个 0V~+B 的方波信号至驾驶人侧门锁的 T6v/5 端子,作为开关工作的参考信号,当操作后视镜转换开关时,开关闭合,通过内部的导线或分压电阻 R 与接地电路构成回路,将此高电位信号(幅值)拉低至对应的阶梯电压(幅值),控制单元 J386 根据该电压来判知驾驶人操作意图。

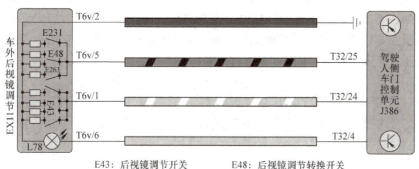

E43: 后视镜调节开关　　　　E48: 后视镜调节转换开关
E231: 车外后视镜加热按钮　　E263: 后视镜内折开关

图 3-17　迈腾调整开关电路原理图

1)后视镜转换开关旋至左侧位置(L)时,开关内部电路将 +B 的参考信号幅值拉低至大约 3%,J386 根据此电压幅值判定是否需要调节左侧后视镜的水平和垂直位置。

2)后视镜转换开关旋至左侧位置(R)时,开关内部电路将 +B 的参考信号幅值拉低至大约 10%,J386 根据此电压值判定是否需要调节右侧后视镜的水平和垂直位置。

3)按压后视镜折叠开关时,开关内部电路将 +B 的参考信号幅值拉低至 0V,J386 根据此电压值判定是否需要折叠或展开左右侧后视镜。

4)按压后视镜加热开关时,开关内部电路将 +B 的参考信号幅值拉低至 15% 左右,J386 根据此电压值判定是否需要左右侧后视镜加热起动。

故障现象:

打开点火开关,操作后视镜调节开关,当调整左侧后视镜时,左、右侧后视镜镜面不能调节;当调整右侧后视镜时发现左、右侧后视镜镜面同时转动;折叠和加热功能同时异常;其他功能正常。

故障分析:

由于在调整右侧后视镜时,后视镜镜面可以正常转动,即使此时左侧后视镜不应转动,但也说明后视镜调节开关 E43 信号输入没有故障;而在调整左侧后视镜时不能如愿,说明 J386 没有接收到来自后视镜调节转换开关 E48 的正确信号,加之折叠和加热功能异常,说明 E48 的信号输入存在故障,可能原因为:

1)后视镜调节转换开关 E48 自身故障。
2)E48 与车身控制单元 J386 之间的电路故障。
3)J386 自身故障。

诊断过程:

第一步：打开点火开关，用解码器读取故障代码，发现没有相关故障记忆。

第二步：打开点火开关，用解码器读取诊断数据流，数据流反映 E48 开关信号异常，证明之前的分析是正常的。

> 注意：不同的车辆、不同的设备可能能读到故障代码，也可能不能读到，读到的信息也可能不同。

第三步：测量车门控制单元 J386 的 T32/25 端子对地电压。

由于此信号是由车门控制单元 J386 输出一个 0V~+B 的方波参考信号，开关动作时会通过开关内部触点构成的回路将此信号幅值下拉至不同档位，因此测量时应先连接示波器，然后操作后视镜左右调整开关、加热开关和折叠开关，观察信号幅值变化是否符合要求，否则说明故障存在，应按照表 3-3 中的方法进行诊断。

表 3-3 车门控制单元 J386 的 T32/25 端子对地电压测试

可能性	实测结果					状态	操作
	未操作	L	R	折叠	加热		
1	幅值为 +B	3% 幅值	8% 幅值	0V	15% 幅值	正常	考虑更换 J386
2	幅值为 +B	幅值始终为 +B				异常	检查开关端信号
3	幅值为 0V	始终为 0V 直线				异常	检查电路对地电阻
4	幅值为 +B	非 3% 幅值	非 8% 幅值	非 0V 直线	非 15% 幅值	异常	检查开关接地或电路电阻
5	幅值非 +B	非 3% 幅值	非 8% 幅值	非 0V 直线	非 15% 幅值	异常	检查信号电路对地电阻

第四步：测量后视镜调整开关 T6v/5 端子对地电压。

操作后视镜左右调整开关、加热开关和折叠开关，观察信号幅值变化是否符合要求，否则说明故障存在，应按照表 3-4 中的方法进行诊断。

表 3-4 后视镜调整开关 T6v/5 端子对地电压测试

可能性	实测结果（数值可能有误差）					状态	可能原因	操作
	未操作	L	R	折叠	加热			
1	100% 幅值	始终为 100% 幅值				异常	开关损坏（断路）	检查开关接地
							接地断路	
2	始终为 0V 直线					异常	信号电路断路	检查电路对地电阻
							开关内对地短路	
							信号电路对地短路	
							J386 内部对地短路	
3	100% 幅值	各档位信号幅值均异常				异常	开关触点或接地虚接	检查开关接地
4	非 100% 幅值	各档位信号幅值均异常				异常	开关内部对地虚接	检查电路对地电阻
							信号电路对地虚接	

第五步：导通性测试。

1）检查 J386 的 T32/25 端子与后视镜调整开关 T6v/5 端子间电路的导通性。

关闭点火开关，拔下 J386 的 T32 和后视镜调整开关 T6v 插接器，该导线端对端电阻应近乎为零，否则说明故障存在，应按照表 3-5 中的方法进行诊断。

表 3-5 J386 的 T32/25 端子与后视镜调整开关 T6v/5 端子间电路的导通性测试

可能性	实测结果	状态	可能原因	操作
1	近乎为零	正常	开关及接地故障	接地检查
2	无穷大	异常	T32/25 端子与 T6v/5 端子间电路断路	检修电路
3	大于 2Ω	异常	T32/25 端子与 T6v/5 端子间电路虚接	检修电路

2）开关导通性测试。

分别操作后视镜转换开关、加热开关和折叠开关，测量驾驶人侧车门锁 T6v/5 端子与 T6v/2 端子之间电阻，该电阻应有 5 种状态，即 100Ω、120Ω、应近乎为零和 140Ω，未操作时应为无穷大，否则说明故障存在，应按照表 3-6 中的方法进行诊断。

表 3-6 开关导通性测试

可能性	实测结果					状态	可能原因	操作
	未操作	L	R	折叠	加热			
1	无穷大	100Ω	120Ω	小于等于 2Ω	140Ω	正常	接地故障	接地检查
2	无穷大	无穷大	无穷大	无穷大	无穷大	异常	调整开关触点断路	更换后视镜调整开关
3	大于 2Ω	大于 2Ω	大于 2Ω	大于 2Ω	大于 2Ω	异常	调整开关触点虚接	更换后视镜调整开关
4	小于 2Ω	小于 2Ω	小于 2Ω	小于 2Ω	小于 2Ω	异常	调整开关触点短路	更换后视镜调整开关

第六步：检测车门控制单元 J386 的 T32/25 端子电路对地电阻。

关闭点火开关，断开 J386 的 T32 和后视镜调整开关 T6v 插接器，测试结果应无穷大，否则说明故障存在，应按照表 3-7 中的方法进行诊断。

表 3-7 车门控制单元 J386 的 T32/25 端子电路对地电阻测试

步骤	测试部位	实测结果	状态	可能原因	操作
1	测量 J386 的 T32/25 端子对地电阻	无穷大	正常	—	转本表第 2 步
		近乎为零	异常	电路对地短路	维修电路
2	连接 J386 的 T32 插接器，测量 J386 的 T32/25 端子对地电阻	无穷大	正常	—	转本表第 3 步
		近乎为零	异常	J386 内部电路对地短路	更换 J386
3	连接后视镜调整开关插接器，测量 J386 的 T32/25 端子对地电阻	无穷大	正常	—	维修结束
		近乎为零	异常	后视镜调整开关内部对地短路	更换后视镜调整开关

第七步：EX11 电源负极检查。

T6v/2 为后视镜调整开关的主接地，如果接地电路不正常，可能致使后视镜调整开关信号输出错误或不输出，导致后视镜系统无法正常工作。

注意：开关接地为 E43、E48、E231、E263 以及背景灯提供接地，所以接地如果有故障会造成整个开关所有功能均失效。

对后视镜调整开关电源负极进行检查时，使用万用表测量后视镜调整开关的 T6v/2 端子对地电压，正常情况下应小于 0.1V，否则说明故障存在，应按照表 3-8 中的方法进行诊断。

表 3-8　后视镜调整开关的 T6v/2 端子对地电压测试

可能性	实测结果	状态	可能原因	操作
1	0V	正常	插接器故障	检修插接器
2	0.1V~+B 间（操作开关时）	异常	接地电路断路或虚接	检修电路、接地点

练习题：请指导老师在表 3-9 故障列表中选择合适的故障点，要求学生完成并填写诊断报告。

表 3-9　后视镜转换开关开关及电路的常见故障

序号	故障性质
1	后视镜开关损坏
2	T6v/5 端子信号电路断路或虚接
3	T6v/5 端子信号电路对地短路或虚接
4	T6v/5 端子信号电路对正极短路或虚接
5	T6v/2 端子接地电路断路（会引起更多的故障）
6	T6v/2 端子接地电路虚接（会引起更多的故障）
7	驾驶人侧车门控制单元 J386 故障

3.3　后视镜调节开关常见故障的诊断与排除

如图 3-18 所示为迈腾后视镜控制开关电路原理图，从中可以看出，后视镜调节开关工作原理如下所述。

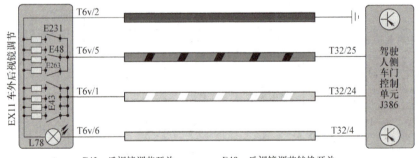

E43：后视镜调节开关　　　　E48：后视镜调节转换开关
E231：车外后视镜加热按钮　　E263：后视镜内折开关

图 3-18　迈腾后视镜调整开关电路原理图

驾驶人侧车门控制单元 J386 通过其 T32/24 端子输出一个 0V~+B 的方波参考信号至驾驶人侧车门锁的 T6v/1 端子，作为开关工作的参考电压，当操作后视镜调节开关时，开关闭合，通过其内部的导线或分压电阻 R 与接地电路构成回路，将此信号幅值拉低至对应的阶梯电压（幅值），控制单元 J386 根据此电压（幅值）判断驾驶人操作的意图（水平调节或垂直调节）。

1）后视镜调节开关向上拨动时，开关内部电路将0V~+B的方波参考信号幅值拉低至3%，J386根据此电压幅值判定是否需要调节后视镜垂直向上位置。

2）后视镜调节开关向下拨动时，开关内部电路将0V~+B的方波参考信号幅值拉低至0，J386根据此电压幅值判定是否需要调节后视镜垂直向下位置。

3）后视镜调节开关向左拨动时，开关内部电路将0V~+B的方波参考信号幅值拉低至8%，J386根据此电压幅值判定是否需要调节后视镜水平向左位置。

4）后视镜调节开关向右拨动时，开关内部电路将0V~+B的方波参考信号幅值拉低至15%，J386根据此电压幅值判定是否需要调节后视镜水平向右位置。

故障现象：

打开点火开关，操作后视镜调节开关，当调整左侧后视镜时，左侧、右侧后视镜镜面不能向左调节；当调整右侧后视镜时发现右侧后视镜镜面也不能向左调节；其他功能正常。

故障分析：

由于在调整左侧、右侧后视镜时，后视镜镜面均不能向左转动，但其他方向调整没有问题，说明在向左调整时，E43的信号输入存在故障，可能原因为：

1）后视镜调节开关E43自身故障。

2）E43与车身控制单元J386之间的电路故障。

3）J386自身故障。

诊断过程：

第一步：打开点火开关，用解码器读取故障代码，发现没有相关故障记忆。

第二步：打开点火开关，用解码器读取诊断数据流，数据流反映E43开关信号异常，证明之前的分析是正常的。

注意：不同的车辆、不同的设备可能能读到故障代码，也可能不能读到，读到的信息也可能不同。

第三步：测量车门控制单元J386的T32/24端子对地电压。

由于此信号是由车门控制单元J386输出一个0V~+B的方波参考信号，开关动作时会通过开关内部触点构成的回路将此信号幅值下拉至不同档位，因此测量时应先连接示波器，然后操作后视镜调节开关，观察信号幅值变化是否符合要求，否则说明故障存在，应按照表3-10中的方法进行诊断。

表3-10 车门控制单元J386的T32/24端子对地电压测试

可能性	实测结果					状态	操作
	未操作	向上	向下	向左	向右		
1	幅值为+B	3%幅值	0V	8%幅值	15%幅值	正常	考虑更换J386
2	幅值为+B	幅值始终为+B				异常	检查开关端信号
3	幅值为0V	始终为0V直线				异常	检查电路对地电阻
4	幅值为+B	非3%幅值	非0V直线	非8%幅值	非15%幅值	异常	检查开关接地或电路电阻
5	幅值非+B	非3%幅值	非0V直线	非8%幅值	非15%幅值	异常	检查信号电路对地电阻

第四步：测量后视镜调整开关T6v/1端子对地电压。

操作后视镜调整开关，观察信号幅值变化是否符合要求，否则说明故障存在，应按照表 3-11 中的方法进行诊断。

表 3-11 后视镜调整开关 T6v/1 端子对地电压测试

可能性	实测结果（数值可能有误差）					状态	可能原因	操作
	未操作	向上	向下	向左	向右			
1	100%幅值	始终为 100% 幅值				异常	开关损坏（断路）	检查开关接地
							接地断路	
2	始终为 0V 直线					异常	信号电路断路	检查电路对地电阻
							开关内对地短路	
							信号电路对地短路	
							J386 内部对地短路	
3	100%幅值	各档位信号幅值均异常				异常	开关触点或接地虚接	检查开关接地
4	非 100%幅值	各档位信号幅值均异常				异常	开关内部虚接	检查电路对地电阻
							信号电路对地虚接	

第五步：导通性测试。

1）检查 J386 的 T32/24 端子与后视镜调整开关 T6v/1 端子间电路的导通性。

关闭点火开关，拔下 J386 的 T32 和后视镜调整开关 T6v 插接器，该导线端对端电阻应近乎为零，否则说明故障存在，应按照表 3-12 中的方法进行诊断。

表 3-12 J386 的 T32/24 端子与后视镜调整开关 T6v/1 端子间电路的导通性测试

可能性	实测结果	状态	可能原因	操作
1	近乎为零	正常	开关及接地故障	接地检查
2	无穷大	异常	T32/24 端子与 T6v/1 端子间电路断路	检修电路
3	大于 2Ω	异常	T32/24 端子与 T6v/1 端子间电路虚接	

2）开关导通性测试。

分别操作后视镜转换开关、加热开关和折叠开关，测量驾驶人侧车门锁 T6v/1 端子与 T6v/2 端子之间电阻，该电阻应有 5 种状态，即 100Ω、近乎为零、120Ω 和 140Ω，未操作时应为无穷大，否则说明故障存在，应按照表 3-13 中的方法进行诊断。

表 3-13 开关导通性测试

可能性	实测结果					状态	可能原因	操作
	未操作	向上	向下	向左	向右			
1	无穷大	100Ω	小于等于 2Ω	120Ω	140Ω	正常	接地故障	接地检查
2	无穷大	无穷大	无穷大	无穷大	无穷大	异常	调整开关触点断路	更换后视镜调整开关
3	大于 2Ω	大于 2Ω	大于 2Ω	大于 2Ω	大于 2Ω	异常	调整开关触点虚接	
4	小于 2Ω	小于 2Ω	小于 2Ω	小于 2Ω	小于 2Ω	异常	调整开关触点短路	

第六步：检测车门控制单元 J386 的 T32/24 端子电路对地电阻。

任务 3　电动后视镜系统及检修

关闭点火开关，断开 J386 的 T32 和后视镜调整开关 T6v 插接器，测试结果应无穷大，否则说明故障存在，应按照表 3-14 中的方法进行诊断。

表 3-14　车门控制单元 J386 的 T32/24 端子电路对地电阻测试

步骤	测试部位	实测结果	状态	可能原因	操作
1	测量 J386 的 T32/24 端子对地电阻	无穷大	正常	—	转本表第 2 步
		近乎为零	异常	电路对地短路	维修电路
2	连接 J386 的 T32 插接器，测量 J386 的 T32/24 端子对地电阻	无穷大	正常	—	转本表第 3 步
		近乎为零	异常	J386 内部电路对地短路	更换 J386
3	连接后视镜调整开关插接器，测量 J386 的 T32/24 端子对地电阻	无穷大	正常	—	维修结束
		近乎为零	异常	后视镜调整开关内部对地短路	更换后视镜调整开关

第七步：EX11 电源负极检查。

T6v/2 端子为后视镜调整开关的主接地，如果接地电路不正常，可能致使后视镜调整开关信号输出错误或不输出，导致后视镜系统无法正常工作。

注意：开关接地为 E43、E48、E231、E263 以及背景灯提供接地，所以接地如果有故障会造成整个开关所有功能均失效。

对后视镜调整开关电源负极进行检查时，使用万用表测量后视镜调整开关的 T6v/2 端子对地电压，正常情况下应小于 0.1V，否则说明故障存在，应按照表 3-15 中的方法进行诊断。

表 3-15　后视镜调整开关的 T6v/2 端子对地电压测试

可能性	实测结果	状态	可能原因	操作
1	0V	正常	插接器故障	检修插接器
2	0.1V~+B 间（操作开关）	异常	接地电路断路或虚接	检修电路、接地点

练习题：请指导老师在表 3-16 故障列表中选择合适的故障点，要求学生完成并填写诊断报告。

表 3-16　开关 E43 开关及电路的常见故障

序号	故障性质
1	后视镜开关损坏
2	开关 E43 的 T6v/1 端子信号电路断路或虚接
3	开关 E43 的 T6v/1 端子信号电路对地短路或虚接
4	开关 E43 的 T6v/1 端子信号电路对正极短路或虚接
5	开关 E43 的 T6v/2 端子接地电路断路（可能引起其他故障）
6	开关 E43 的 T6v/2 端子接地电路虚接（可能引起其他故障）
7	驾驶人侧车门控制单元 J386 故障

3.4 后视镜左右调节电动机常见故障的诊断与排除

如图3-19所示为迈腾驾驶人侧后视镜电动机控制电路原理图，从中可以看出，后视镜的调整由左右调节电动机2（V17）和垂直调节电动机1（V149）组成，其中两个电动机共用一根电路，以此来减少导线数量，使布局紧凑、合理。车门控制单元控制后视镜电动机两端的电流方向，实现电动机的正反转，进而带动后视镜镜面水平或垂直转动。

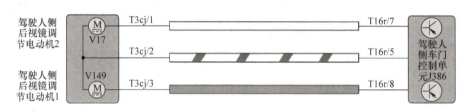

图 3-19 迈腾驾驶人侧后视镜控制电路原理图

左右调节：驾驶人侧车门控制单元J386通过其T16r/7端子至后视镜左右调节电动机的T3cj/1端子之间的电路连接至电动机的一端，同时通过其T16r/5端子至后视镜电动机的T3cj/2端子之间的电路连接至电动机V17的另一端，驾驶人侧车门控制单元J386同时给2条电路输出相反的电压信号时，电动机动作，带动后视镜镜面左右运动。

水平调节：驾驶人侧车门控制单元J386通过其T16r/8端子至后视镜左右调节电动机的T3cj/3端子之间的电路连接至电动机的一端，同时通过其T16r/5端子至后视镜电动机的T3cj/2端子之间的电路连接至电动机V149的另一端，驾驶人侧车门控制单元J386同时给2条电路输出相反的电压信号时，电动机动作，带动后视镜镜面水平运动。

故障现象：

打开点火开关，操作后视镜调节开关，当调整左侧后视镜时，不管是向左、向右、向前、向后操作调整开关，左侧、右侧后视镜镜面均出现45度转动；当调整右侧后视镜时发现右侧后视镜镜面也是45度转动；其他功能正常。

故障分析：

旋转角度不对，说明镜面安装可能有误或者两个电动机同时转动所致。先诊断是否出现电动机异常转动，再考虑镜面安装的问题。

诊断过程：

第一步：打开点火开关，用解码器读取故障代码，发现没有相关故障记忆。

第二步：打开点火开关，用解码器进行执行元件诊断，发现故障依旧。

注意：不同的车辆、不同的设备，是否具有执行元件诊断功能都可能存在差异。

第三步：测量后视镜水平调节电动机V17端的T3cj/1端子和T3cj/2端子之间电压。

注意：也可以选择测量另外一个电动机两端的电压，目的都是为了分析镜面为什么沿45度转动的原因。

测试时，打开点火开关，左侧、右侧操作后视镜调节开关，测量V17端的T3cj/1端子和T3cj/2端子之间电压，正常情况下，测量结果应为±B（正转时为+B，翻转时为−B），否则说明故障存在，可以参照表3-17中的方法进行诊断。

表 3-17　后视镜水平调节电动机 V17 端的 T3cj/1 端子和 T3cj/2 端子之间电压测试

可能性	测试条件	实测结果	状态	操作
1	后视调节开关向左	+B（或 -B）	正常	镜面安装原因
	后视调节开关向右	-B（或 +B）		
2	后视调节开关向左	0V	异常	检查控制单元输出
	后视调节开关向右	0V		
3	后视调节开关向左	部分 +B（或部分 -B）	异常	电路虚接
	后视调节开关向右	部分 -B（或部分 +B）		

第四步：测量车门控制单元端的 T16r/7 端子和 T16r/5 端子之间电压。

打开点火开关，左侧、右侧操作后视镜调节开关，测量车门控制单元端的 T16r/7 和 T16r/5 之间电压，正常情况下，测量结果应为 ±B（正转时为 +B，翻转时为 -B），否则说明故障存在，可以参照表 3-18 中的方法进行诊断。

表 3-18　车门控制单元端的 T16r/7 端子和 T16r/5 端子之间电压测试

可能性	测试条件	实测结果	状态	可能原因	操作
1	后视调节开关向左	+B（或 -B）	正常	电动机控制线断路或虚接	检查电路导通性
	后视调节开关向右	-B（或 +B）			
2	后视调节开关向左	0V	异常	控制单元损坏	更换控制单元
	后视调节开关向右	0V			
3	后视调节开关向左	部分 +B（或部分 -B）	异常	控制单元 J386 内部虚接	更换控制单元
	后视调节开关向右	部分 -B（或部分 +B）			

第五步：电路导通性检查。

1）检查车门控制单元端的 T16r/7 端子与后视镜电动机端的 T3cj/1 端子之间电路的导通性。

关闭点火开关，拔下后视镜电动机和车门控制单元的 T16r 插接器，该导线端对端电阻应近乎为零，否则说明故障存在，可以参照表 3-19 中的方法进行诊断。

表 3-19　车门控制单元端的 T16r/7 端子与后视镜电动机端的 T3cj/1 端子之间电路的导通性测试

可能性	实测结果	状态	可能原因	操作
1	近乎为零	正常	线束插接器故障	检修插接器
2	无穷大	异常	T16r/7 端子与 T3cj/1 端子间电路断路	检修电路
3	大于 2Ω	异常	T16r/6 端子与 T3cj/1 端子间电路虚接	

2）检查车门控制单元端的 T16r/5 端子与后视镜电动机端的 T3cj/2 端子之间电路的导通性。

关闭点火开关，拔下后视镜电动机和车门控制单元 T16r 插接器，该导线端对端电阻应近乎为零，否则说明故障存在，可以参照表 3-20 中的方法进行诊断。

表 3-20　车门控制单元端的 T16r/5 端子与后视镜电动机端的 T3cj/2 端子之间电路的导通性测试

可能性	实测结果	状态	可能原因	操作
1	近乎为零	正常	线束插接器故障	检修插接器
2	无穷大	异常	T16r/5 端子与 T3cj/2 端子间电路断路	检修电路
3	大于 2Ω	异常	T16r/5 端子与 T3cj/2 端子间电路虚接	

第六步：检测后视镜电动机电阻。

关闭点火开关，断开后视镜电动机 T3cj 插接器，测试值应为 16Ω，否则说明故障存在，可以参照表 3-21 中的方法进行诊断。

表 3-21　后视镜电动机电阻测试

测试部位	实测结果	状态	可能原因	操作
测量后视镜电动机 T3cj/1 端子和 T3cj/2 端子间电阻	16Ω	正常		测试结束
	无穷大	异常	电动机断路	更换后视镜电动机
	大于 16Ω	异常	电动机内部部分短路	

练习题：请指导老师在表 3-22 故障列表中选择合适的故障点，要求学生完成并填写诊断报告。

表 3-22　后视镜电动机左右调节异常的常见故障

序号	故障性质
1	后视镜电动机损坏
2	V17 的（T3cj/1 端子）信号电路断路
3	V17 的（T3cj/1 端子）信号电路虚接
4	V17 的（T3cj/2 端子）信号电路断路
5	V17 的（T3cj/2 端子）信号电路虚接
6	驾驶人侧车门控制单元 J386 故障

附录 A
汽车总线系统及检修

A1 汽车总线系统的结构与工作原理

车辆内部有很多部件都依赖于来自其他部件的信息并向其他部件传输信息或者两者并存。总线数据通信网络就提供了这样一个可靠的、经济有效的通路,使车辆内的不同部件之间可以互相"联系"并分享信息。

一、总线的分类

当前汽车上常用的数据总线有 CAN 总线、LIN 总线和 MOST 总线三种,如图 A-1 所示。
1）CAN 网络 500kbit/s。
2）LIN 网络 19.2kbit/s。
3）MOST150 网络 150Mbit/s。

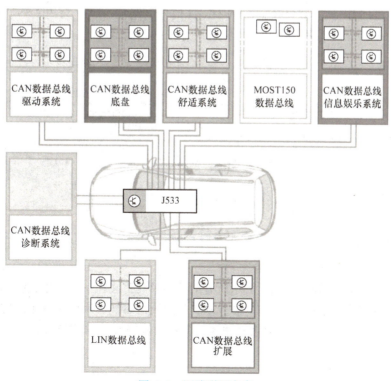

图 A-1 迈腾联网方案

1. CAN 总线

CAN 总线由双绞线组成，一条信号电路被标识为 CAN-HIGH，另一条信号电路被标识为 CAN-LOW。在数据总线的末端，CAN-HIGH 和 CAN-LOW 电路之间有一个 120Ω 的终端电阻，如图 A-2 所示。

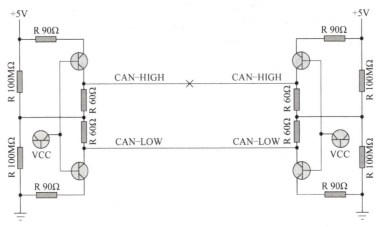

图 A-2　CAN 总线原理图

数据符号（1 和 0）以 500kbit/s 的速率按顺序传输。通过总线传输的数据通过 CAN-HIGH 信号电压和 CAN-LOW 信号电压之间的电压差来表示，如图 A-3 所示。在两个电路总线处于静止时，CAN-HIGH 和 CAN-LOW 信号电路未被 VCC 驱动，这代表逻辑"0"，在此状态下，两个信号电路电压均为 2.5V，此时两线之间的电压差约为 0V；当传输逻辑"1"时，VCC 向两个三极管提供控制电压，CAN-HIGH 信号电路被拉高至大约 3.5V，CAN-LOW 电路被拉低至约 1.5V，此时两线之间的电压差约为（2.0±0.5）V。

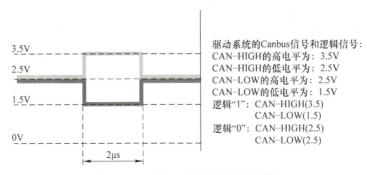

图 A-3　迈腾驱动系统信号特点图

2. LIN 总线

Local Interconnect（局域互联）表示所有的控制单元都装在一个有限的空间内（如车门），所以它也被称为"局域子系统"。LIN 总线系统是单线式总线，底色是紫色，有标志色。该线的横截面面积为 0.35mm^2，无须屏蔽。图 A-4 所示为采用 LIN 总线进行数据传递的空调鼓风机控制系统。

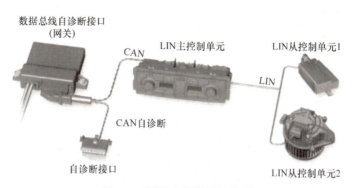

图 A-4 迈腾空调鼓风机控制

车上各个 LIN 总线系统之间的数据交换是由控制单元通过 CAN 数据总线实现的。LIN 总线系统可以让一个 LIN 主控制单元与最多 16 个 LIN 从控制单元进行数据交换。LIN 主控制单元连接在 CAN 数据总线上，负责执行 LIN 的主功能，主要作用包括：

1）监控数据传递及其速率，发送信息标题。

2）该控制单元的软件内已经设定了一个周期，该周期用于决定何时将哪些信息发送到 LIN 数据总线上多少次。

3）该控制单元在 LIN 数据总线系统的 LIN 控制单元与 CAN 总线之间起"翻译"作用，它是 LIN 总线系统中唯一与 CAN 数据总线相连的控制单元。

4）通过 LIN 主控制单元进行与之相连的 LIN 从控制单元的自诊断。

5）信息的顺序。

在 LIN 数据总线系统内，单个控制单元或传感器及执行元件都可看作 LIN 从控制单元，LIN 执行元件都是智能型的电子或机电部件，这些部件通过 LIN 主控制单元的数字信号接受任务。LIN 主控制单元通过集成的传感器来获知执行元件的实际状态，然后就可以进行规定状态和实际状态的对比。只有当 LIN 主控制单元发送出标题后，传感器和执行元件才会作出反应。

LIN 总线数据传递速率为 1~20kbit/s，在 LIN 控制单元的软件内已经设定完毕，该速率最大能达到舒适 CAN 数据传递速率的五分之一。由于控制单元内的接收/发送单元有不同的型号，所以表现出的显性电平也有所不同。

图 A-5 所示为 LIN 总线信号波形，如果无信息发送到 LIN 数据总线上或者发送到 LIN 数据总线上的是一个隐性比特，那么数据总线导线上的电压就是 +B，这个电压称之为隐性电平。为了将显性比特传到 LIN 数据总线上，发送控制单元内的接收/发送单元会将数据总线导线接地，这个电压称之为显性电平。

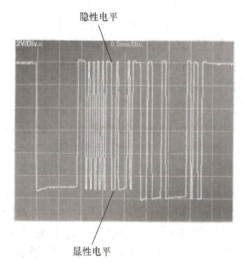

图 A-5 LIN 总线信号波形

从 LIN 总线信号波形上可以看出，信号曲线上不同阶段的占空比和脉宽有所区别，这些信息都称为信息标题，如图 A-6 所示，信息标题由 LIN 主控制单元按周期发送。信息标题分为以下四部分：

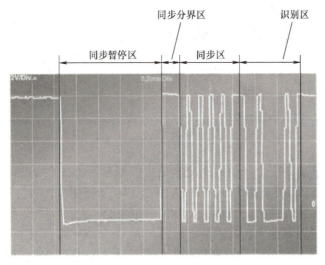

图 A-6　迈腾 LIN 数据总线信息标题

1）同步暂停区。

同步暂停区（Synch Break）的长度至少为 13 位（二进制），它以显电平发送。这 13 位的长度是必需的，这样才能准确地通知所有的 LIN 从控制单元有关信息的起始点。

2）同步分界区。

同步分界区（Synch Delimiter）至少为一位（二进制）长，且为隐性。

3）同步区。

同步区（Synch Field)由 0101010101 这个二进制位序构成，所有的 LIN 从控制单元通过这个二进制位序来与 LIN 主控制单元进行匹配。所有控制单元同步对于保证正确的数据交换是非常有必要的。如果失去了同步性，那么接收到的信息中的某一数位值就会发生错误，该错误会导致数据传递错误。

4）识别区。

识别区的长度为 8 位（二进制），前 6 位是回应信息识别码和数据区的个数。回应数据区的个数在 2~8 之间。后两位是校验位，用于检查数据传递是否有错误。当出现识别码传递错误时，校验可防止与错误的信息适配。

3. MOST 总线

从 "Media Oriented Systems Transport" 这个名字就可看出，它是一种用于多媒体数据传送的网络系统，这也就是说该系统将符合地址的信息传送到某一接收器上，这点与 CAN 数据总线是不同的，MOST 总线的传输速率最高可达 21.2 Mbit/s。

（1）传输速率

图 A-7 为迈腾信息娱乐系统 MOST 总线传输速率分布图，从中可以看出，这种光纤数据传输对于实现 Infotainment 系统的所有功能具有重要意义，因为以前所使用的 CAN 数据总线系统的传输速度是不够的，因而无法满足相应的数据量传送。视频和音频所要求的数据传输率达数 Mbit/s，仅仅是带有立体声的数字式电视信号，就需要约 6Mbit/s 的传输速度。

附录 A 汽车总线系统及检修

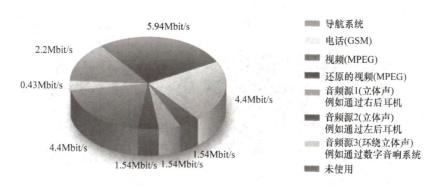

图 A-7 迈腾信息娱乐系统 MOST 总线传输速率

在 MOST 总线中，相关部件之间的数据交换是以数字方式来进行的。与无线电波相比，光波的波长更短，因此它不会产生电磁干扰；同时通过光波进行数据传递有导线少且重量轻的优点。

（2）控制单元结构组成

图 A-8 所示为 MOST 总线控制单元部件结构示意图，主要由光导纤维、电气插头、内部供电装置、收发单元 - 光导发射器、MOST- 收发机、标准控制器、专用部件组成。

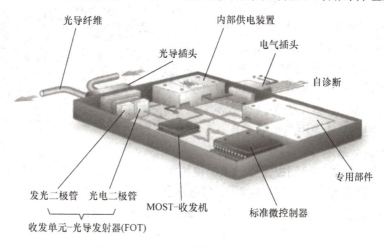

图 A-8 MOST 总线控制单元部件结构

1）光导纤维。

如图 A-9 所示为光导纤维（LWL）的传输过程示意图，其任务是将在某一控制单元发射器内产生的光波传送到另一控制单元的接收器。

光导纤维由纤芯、反射涂层、黑色包层和彩色包层组成。纤芯是光导纤维的核心部分，它由有机玻璃制成，是光导线，纤芯内的光根据全反射原理几乎无损失地传导；透光的涂层（反射涂层）是由氟聚合物制成，它包在纤芯周围，对全反射起关键作用；黑色包层是由尼龙制成，用来防止外部光照射；彩色包层起到识别、保护及隔温作用。

光导纤维将一部分光波沿直线传送，而绝大部分光波是按全反射原理在纤芯表面以"之"字形曲线传送。光波通过全反射在纤芯的涂层界面上反射，从而可以弯曲传送。当一束光以小角度照射到折射率高的材料与折射率低的材料之间的界面时，那么光束就会被完全

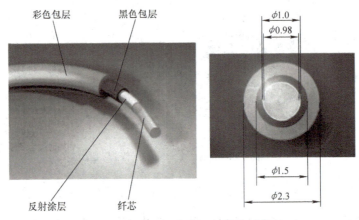

图 A-9 光导纤维 (LWL) 传输过程

反射,这就称作全反射。光导纤维中的纤芯是折射率高的材料,涂层是折射率低的材料,所以全反射发生在纤芯的内部。这个效应取决于从内部照射到界面的光波角度,如果该角度过陡,那么光波就会离开纤芯,从而造成较大损失,如图 A-10 所示,所以光导纤维的曲率半径不可小于 25mm。

为了能使传输过程中的损失尽量小,光导纤维的端面应光滑、垂直、洁净。切削面上的污垢和刮痕会加大传送损失(衰减),因此需要使用了种专用的切削工具。

2)电气插头。

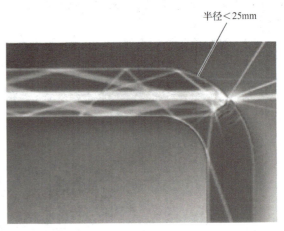

图 A-10 光导纤维弯曲或弯折过度

为了能将光导纤维连接到控制单元上,使用了一种专用插头。插塞连接上有一个信号方向箭头,它表示输入方向(通向接收器),插头壳体就是与控制单元的连接处。图 A-11 所示为光导插头结构示意图,该插头用于供电、自诊断以及输入/输出信号的传输。

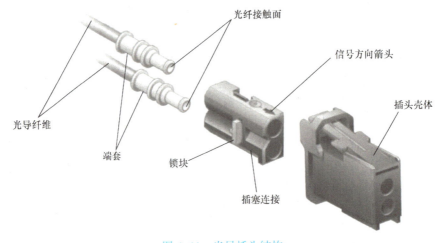

图 A-11 光导插头结构

3)内部供电装置。

由电气插头送入的电再由内部供电装置分送到各个部件,这样就可单独关闭控制单元内某一部件,从而降低了静态电流。

4)收发单元-光导发射器(FOT)。

图 A-12 所示为收发单元-光导发射器(FOT)结构示意图,该装置由一个光电二极管和一个发光二极管组成。发光二极管的作用是把 MOST-收发机的电压信号再转换成光信号;产生出的光波波长为 650 nm,是可见红光;数据经光波调制后传送,调制后的光经由光导纤维传到下一个控制单元。

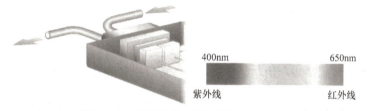

图 A-12 收发单元-光导发射器(FOT)

接收到的光信号由光电二极管转换成电压信号后传至 MOST 收发机,光电二极管的作用是将光波转换成电压信号。光电二极管内有一个 PN 结,光可以照射到这个 PN 结上。由于 P 型层很厚,绝缘层只能刚刚够得到 N 型层,在 P 型层上有一个触点—正极,N 型层与金属底板(负极)接触,如图 A-13 所示。

如果光或红外线辐射照到 PN 结上,就会产生自由电子和空穴,从而形成一个穿越 PN 结的电流,也就是说:作用到光电二极管上的光越强,流过光电二极管的电流就越大,这个过程称为光电效应,如图 A-14 所示。

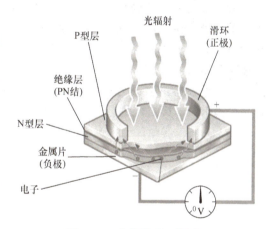

图 A-13 收发单元工作原理

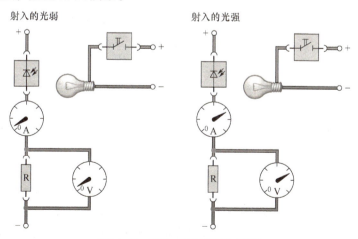

图 A-14 光电二极管工作过程

光电二极管反向与一个电阻串联。如果由于照射光强度增大，流过光电二极管的电流增大，那么电阻上的压降也就增大，于是光信号就被转换成电压信号。

5) MOST 收发机。

MOST 收发机由发射机和接收机两个部件组成。发射机将要发送的信息作为电压信号传至光导发射器；接收机接收来自光导发射器的电压信号并将所需的数据传至控制单元内的标准微控制器（CPU）。其他控制单元不需要的信息由收发机来传送，而不是将数据传到 CPU 上，这些信息原封不动发至下一个控制单元。

6) 标准微控制器。

标准微控制器是控制单元的核心元件，它的内部有一个微处理器，用于操纵控制单元的所有基本功能。

7) 专用部件。

这些部件用于控制某些专用功能，例如 CD 播放机和收音机调谐器。

（3）信息帧

由于使用了固定的时间光栅，所以脉冲频率允许传递同步数据。如果要同步传递诸如声音和动态图像（视频）这样的一些数据信息，那这些信息必须以相同的时间间隔来发送。系统管理器一般以 44.1kHz 的脉冲频率向环状总线上的下一个控制单元发送信息帧，而 44.1kHz 这个固定的脉冲频率正好与数字式音频装置（如 CD 机、DVD 机、DAB 收音机）的传递频率相同，这样就可以将这些装置连接到 MOST 总线上了。

一个信息帧的大小为 64 个字节，1 个字节等于 8 位。可分成起始区、分界区、数据区、第一校验字节、第二校验字节、状态区、奇偶校验区共 7 部分，如图 A-15 所示。

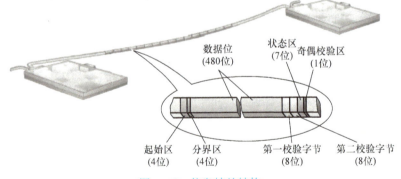

图 A-15 信息帧的结构

1) 起始区，表示一个信息帧的开始，每段信息帧都有自己的起始区。

2) 分界区，用于区分起始区和紧跟着的数据区。

3) 数据区，MOST 总线在数据区最多可将 60 个字节的有效数据发送到控制单元。数据区的分配是可变的，数据区的同步数据在 24~60 个字节之间，同步数据的传递具有优先权。

4) 第一校验字节和第二校验字节，一个信息组中的校验字节在控制单元内汇成一个校验信息帧，一个信息组中有 16 个信息帧，校验信息帧内包含有控制（第一校验字节）和诊断数据（第二校验字节），这些数据由发射器传送到接收器，称之为根据地址进行的数据传递。

5）状态区，包含用于给接收器发送信息帧的信息。

6）奇偶校验区，用于最后检查数据的完整性，该区的内容将决定是否需要重复发送过程。

（4）功能流程

如果 MOST 总线处于休眠模式，那么首先须通过唤醒过程将系统切换到备用模式，该过程一直进行到系统管理器为止，系统管理器根据传来的伺服光来识别是否有系统起动的请求。如果某一控制单元（系统管理器除外）唤醒了 MOST 总线，那么该控制单元就会向下一个控制单元发射一种专门调制的光（称为伺服光），如图 A-16 所示。然后系统管理器向下一个控制单元发送一种专门调制的光（称为主光）。这个主光由所有的控制单元继续传递，光导发射器 (FOT) 接收到主光后，系统管理器就可识别出环形总线现在已经封闭了，可以开始发送信息帧了，如图 A-17 所示。

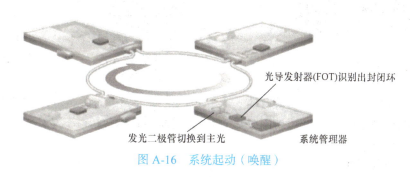

图 A-16　系统起动（唤醒）

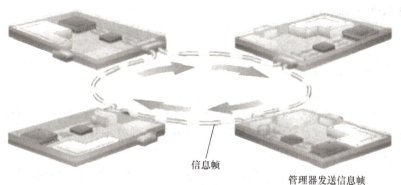

图 A-17　数据传递

环状总线上的下一个控制单元通过在休眠模式下工作的光电二极管来接收这个伺服光并将此光继续下传。首批信息帧要求 MOST 总线上的控制单元提供标识符。诊断管理器将报告上来的控制单元（实际配置）与一个所安装的控制单元存储表（规定配置）进行对比。

系统管理器根据标识符向环形总线上的所有控制单元发送实时顺序（实际配置），于是就可以进行根据地址的数据传递了。如果实际配置与规定配置不相符，诊断管理器就会存储相应的故障。这时唤醒过程就结束了，可以开始数据传递了。

图 A-18 所示为迈腾 MOST 总线系统结构示意图，除系统管理器外，还有一个诊断管理。该管理器执行环形中断诊断，通过 J794- 电子通信信息设备 1 控制单元将诊断数据传给 J533- 数据总线诊断接口，在通过诊断 CAN 将数据传输给诊断仪器。

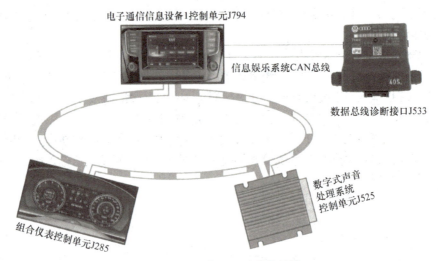

图 A-18　迈腾 MOST 总线结构

二、总线的划分

迈腾 B8 在 B7 的基础上，重新划分 CAN 总线结构，具体包括以下 7 种：
1）驱动 CAN 总线。
2）底盘 CAN 总线。
3）舒适 CAN 总线。
4）信息娱乐 CAN 总线。
5）扩展 CAN 总线。
6）诊断 CAN 总线。
7）MOST150 CAN 总线。

其中底盘 CAN 总线、扩展 CAN 总线两条是迈腾 B8 整车新增加的两条数据总线，同时，除了 MOST150 总线，其他 CAN 总线均采用了和驱动总线速率相同的 500kbit/s 的传输方式，且单元两端也带终端电阻（120Ω）。

很多信息通常会出现在不同局域内特定的网络上，它们之间有时必须通过网络分享。这就需要指定一个特殊的控制单元作为网关，执行在不同总线之间传输信息的功能。网关单元至少连接 2 条总线。

1. 驱动 CAN 总线

图 A-19 所示为迈腾驱动 CAN 总线的结构图，它主要用于需要进行高速数据交换的地方，以使各传感器、执行器的变化情况和通过信息调节车辆控制装置之间的信息接收状况延迟至最小化。

2. 底盘 CAN 总线

图 A-20 所示为底盘 CAN 总线结构图，它基本上与驱动 CAN 总线一致。对并联总线之间的拥挤信息进行拆分，可确保及时的信息传输和接收。有时需要在底盘 CAN 总线和驱动 CAN 总线之间进行通信，这将通过数据总线诊断接口 J533（网关）来完成。

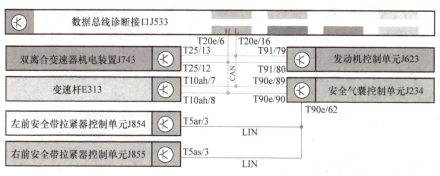

图 A-19　迈腾驱动 CAN 总线结构图

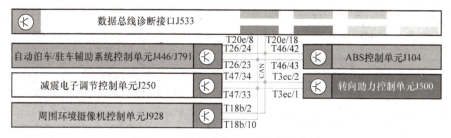

图 A-20　迈腾底盘 CAN 总线结构图

3. 舒适数据总线

舒适数据总线由舒适 CAN 总线和舒适 LIN 总线组成，如图 A-21 所示。

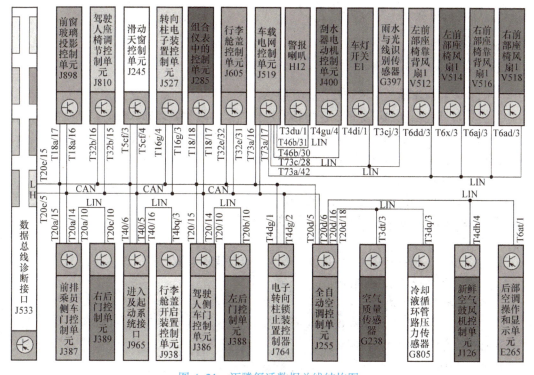

图 A-21　迈腾舒适数据总线结构图

（1）舒适 CAN 总线

舒适 CAN 总线由车辆遥控钥匙激活，为了简化和统一 CAN 总线系统，迈腾将原来连接各控制系统的舒适 CAN 总线结构改为和驱动 CAN 总线传输速率及连接方法一样的结构，如图 A-22 所示，且 CAN-H 和 CAN-L 之间有 120Ω 终端电阻，一个位于数据诊断接口 J533 内部，另一个位于车载电网管理控制单元 J519 内部，车身（舒适）CAN 总线是一条比较重要的控制器区域网络。它的主要连接对象包括：

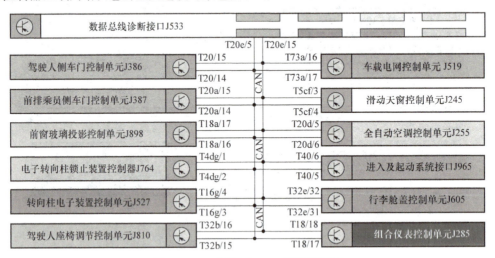

图 A-22　迈腾舒适 CAN 总线结构图

1）4 个车门中控锁。
2）4 个车门玻璃升降器电动机。
3）行李舱锁。
4）车外后视镜。
5）车内顶灯。
6）驾驶人和前座乘员座椅调整记忆及加热。
7）在具备遥控功能的情况下，还包括对遥控信号的接收处理和其他防盗系统的控制。

从控制功能的角度来看，车身（舒适）系统的很多动作都存在某些相互关联性，只有对所有这些关联性作出非常周密的考虑，才能真正让乘员感到舒适和满意。

（2）舒适 LIN 总线

在左前门控制单元 J386 与左后门控制单元 J388 之间，在右前门控制单元 J387 与右后门控制单元 J389 之间，均采用 LIN 总线进行数据传递。

4. 信息娱乐 CAN 总线

图 A-23 所示为信息娱乐 CAN 总线示意图，信息娱乐系统包括以下系统：

1）信息娱乐系统（Infotainment）。
① 多媒体界面（MMI）。
② 前部信息系统显示和操纵控制单元 J523。
③ 前部信息显示和操纵控制单元。
④ 显示器 J685。

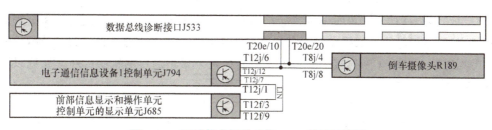

图 A-23 迈腾信息娱乐系统 CAN 总线结构图

⑤ 多媒体操纵单元 E380。
⑥ 多功能转向盘和仪表板上的显示屏。
2）数字式 Bose 环绕音响系统。
3）收音机模块、语音对话系统。
4）导航系统。
5）电话 /Telematik。

信息娱乐 CAN 总线基本上与舒适 CAN 总线一致，主要用于以上系统和部件之间的数据传递。

5. 扩展 CAN 总线

图 A-24 所示为扩展 CAN 总线结构示意图，它基本上与舒适 CAN 总线一致，为了降低舒适总线上的数据压力，将车距调节控制单元 J428、轮胎压力监控控制单元 J502、弯道灯和前照灯照明距离调节控制单元 J745、驾驶人辅助系统的前部摄像机 R242、行驶换道助理系统控制单元 J769、行驶换道助理系统控制单元 2J770、左侧日间行车灯和驻车示宽灯控制单元 J860、右侧日间行车灯和驻车示宽灯控制单元 J861、左前照灯 MX1、右前照灯 MX2、驾驶人辅助系统前部摄像机 R242 重新组成一个局域网。

注意：具体情况需要参照实际车型确定。

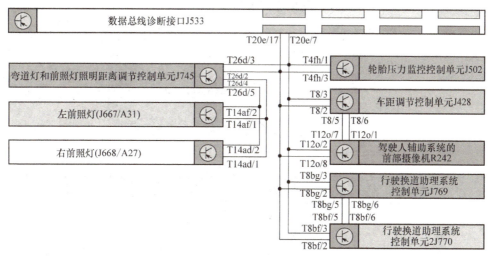

图 A-24 扩展 CAN 总线结构示意图

6. 诊断 CAN 总线

图 A-25 所示为诊断 CAN 总线结构示意图，故障诊断仪通过数据总线诊断接口 J533 诊断 CAN 总线进行通信。如果车辆连接故障诊断仪，则故障诊断仪将尝试与每个可能选装在车辆上的装置进行通信。如果车辆上未安装某个选装件，则对于该选装装置，故障诊断仪将显示"（无通信）"或"（未连接）"。为了避免与特定装置不通信的错误诊断，参见以上总线系统连接图示作为参考，查看它们与之通信的装置。

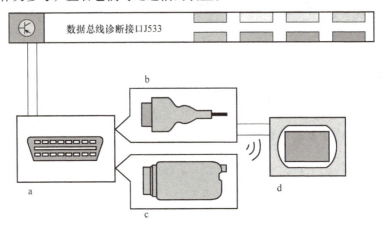

图 A-25　诊断 CAN 总线结构示意图

7. 网关

图 A-26 所示为网关工作原理。由于各种总线系统之间电压电平和电阻配置不同，所以在 CAN 总线、LIN 总线、MOST 总线之间无法进行耦合联接。另外，这几种数据总线的传输速率不同，这就决定了它们无法使用不同的信号，需要在这几个系统之间能完成一个转换。这个转换过程是通过所谓的网关来实现的，也就是迈腾数据总线诊断接口 J533。

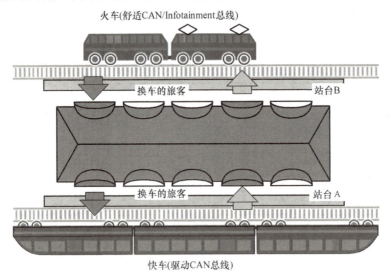

图 A-26　总线诊断接口 J533（网关）工作原理

在站台 A（站台，英语叫网关）到达一列快车（驱动 CAN 总线、500kbit/s），车上有数百名旅客。在站台 B 已经有一辆火车（舒适 CAN/Infotainment 总线、100kbit/s）在等待，有一些乘客就换到这辆火车上，有一些乘客要换乘快车继续旅行。

车站/站台的这种功能,即让旅客换车,以便通过速度不同的交通工具到达各自目的地的功能,与驱动 CAN 总线和舒适 CAN/Infotainment 总线两系统网络的网关功能相同。

网关的主要任务是使两个速度不同的系统之间能进行信息交换,迈腾车辆网关安装在数据总线诊断接口 J533 内。由于通过 CAN 总线的所有信息都供网关使用,所以网关也用作诊断接口。迈腾以前是通过网关的 K 线来查询诊断信息,现在是通过 CAN 总线诊断线来完成这个工作的。

A2　CAN 总线常见故障的诊断与排除

如图 A-27 所示为迈腾舒适 CAN 总线线路原理图,从中可以看出,诊断仪器通过无线或蓝牙通信连接线、诊断接口与数据总线诊断接口 J533 连接,再通过舒适总线与车载电网控制单元 J519 或其他控制单元进行通信。

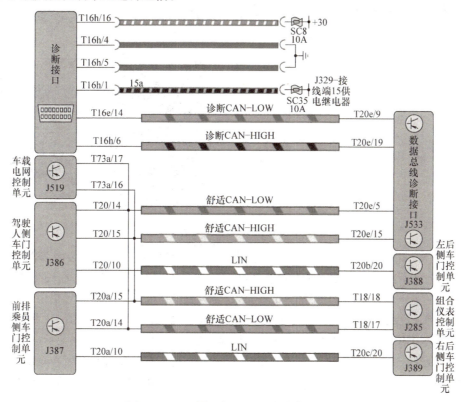

图 A-27　迈腾舒适 CAN 总线线路原理图

CAN 总线系统常见的故障有 CAN-HIGH 或 CAN-LOW 断路、虚接、对正极短路、对正极虚接、对负极短路、对负极虚接、彼此互短、彼此之间虚接,不同的虚接电阻对系统的影响不同。

注意:系统对 CAN-LOW 与地短路故障有容错功能,在这种情况下还可以正常通信,而对 CAN-HIGH 与地短路故障没有容错功能;系统对 CAN-HIGH 对正极短路故障有容错作用,对 CAN-LOW 则没有。

当总线出现故障的时候，最好利用示波器同时测量 CAN-HIGH、CAN-LOW 信号波形，借助信号的形成原理分析故障部位和故障原因，舒适系统 CAN 总线的诊断方法相同。

1. CAN-HIGH 断路的波形分析（图 A-28）

1）隐性电平不变。正常情况下，因为在隐性电平时，所有单元中的晶体管均处于截止状态，所以 CAN-HIGH、CAN-LOW 的电位实质上就是两个 470Ω 之间的电位，即为 5V 的一半；当 CAN-HIGH 断路时，并没有改变原有电路任何的电流大小，CAN-HIGH、CAN-LOW 的电位还是两个 470Ω 之间的电位，即为 5V 的一半，所以不变。

2）在正常情况下，当左侧单元发送信息时，左侧 CAN-HIGH 电势会因为晶体管导通，使得晶体管上下游的电路导通，串联电阻（42Ω、60Ω）导通产生分压，而使得左侧单元端的 CAN-HIGH 总线电压上升到 3.5V；此时如果 CAN-HIGH 断路，左侧 CAN-HIGH 端会因为失去右侧单元中的电阻而使得其对应的晶体管上方的 42Ω 电阻内的电流相对减小，那该电阻两端的电压降将会减小，从而使得左侧单元端 CAN-HIGH 电压在正常增大的基础上进一步增大，因而 CAN-HIGH 的波形从 2.5V 的隐性电压切换到 3.95V 左右，相对 3.5V 有了 0.45V 的提高。

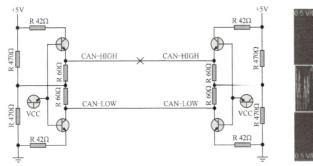 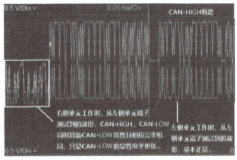

图 A-28　CAN 总线原理、故障及波形（从左侧单元端测得）（略有差异）

3）在正常情况下，当左侧单元发送信息时，左侧 CAN-LOW 电势会因为晶体管导通，使得晶体管上下游的电路导通，串联电阻（42Ω、60Ω）导通产生分压，而使得左侧单元端的 CAN-LOW 总线电压下降到 1.5V。此时如果 CAN-HIGH 断路，右侧单元中两个 60Ω 之间的对地电阻有一定的下降，导致该点的电压有所下降（注意：由于 CAN-HIGH 断路，右侧控制单元端 CAN-HIGH 电压和该点电压一致，所以也有明显的下降，而且切换的方向是反的），而整体上还是 CAN-LOW 左端比右端的电势低，流经左侧控制单元内的 CAN-LOW 对应的 42Ω 的电流减小，因为其两端的电压降减小，所以 CAN-LOW 的波形从 2.5V 的隐性电平切换到 1.22V 左右，相对 1.5V 也有了 0.28V 的降低。

4）当左侧单元发送信息时，右侧单元的 CAN-LOW 波形和左侧单元的相同，但 CAN-HIGH 会检测到来自右侧单元的反射波，CAN-HIGH、CAN-LOW 同时具备 CAN-LOW 的属性且相位完全相同，只是 CAN-LOW 相对 CAN-HIGH 的显性电平偏低一些，CAN-HIGH 的为 1.48V，CAN-LOW 的为 1.22V。

5）这种情况下，左侧的控制单元不会参与系统工作。

2. CAN-LOW 断路的波形分析（图 A-29）

1）隐性电平不变。正常情况下，因为在隐性电平时，所有单元中的晶体管均处于截止状态,所以 CAN-HIGH、CAN-LOW 的电位实质上就是两个 470Ω 之间的电位,即为 5V 的一半。当 CAN-LOW 断路时,并没有改变原有电路任何的电流大小,CAN-HIGH、CAN-LOW 的电位还是两个 470Ω 之间的电位,即为 5V 的一半,所以不变。

2)在正常情况下,当左侧单元发送信息时,左侧 CAN-LOW 电势会因为晶体管导通,使得晶体管上下游的电路导通,串联电阻(42Ω、60Ω)导通产生分压,而使得左侧单元端的 CAN-LOW 总线电压下降到 1.5V。此时如果 CAN-LOW 断路,左侧 CAN-LOW 端会因为失去右侧单元中的电阻而使得其对应的晶体管下方的 42Ω 电阻内的电流相对减小,那该电阻两端的电压降将会减小,从而使得左侧单元端 CAN-LOW 的电势在正常减小的基础上进一步减小,因而 CAN-LOW 的波形从 2.5V 的隐性电压切换到 1.0V 左右,相对 1.5V 有了 0.5V 的降低。

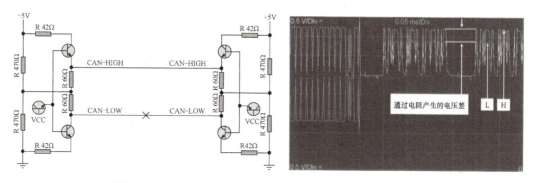

图 A-29　CAN 总线原理、故障及波形(从左侧单元端测得)

3)在正常情况下,当左侧单元发送信息时,左侧 CAN-HIGH 电势会因为晶体管导通,使得晶体管上下游的电路导通,串联电阻(42Ω、60Ω)导通产生分压,而使得左侧单元端的 CAN-HIGH 总线电压而上升到 3.5V。此时如果 CAN-LOW 断路,右侧单元中两个 60Ω 之间的对地电阻有一定的增大,导致该点的电压有所升高(注意:由于 CAN-LOW 断路,右侧控制单元端 CAN-LOW 电压和该点电压一致,所以也有明显的升高,而且切换的方向是反的),而整体上还是 CAN-HIGH 左端比右端的电势高,流经左侧控制单元内的 CAN-HIGH 对应的 42Ω 的电流减小,因为其两端的电压降减小,所以 CAN-HIGH 的波形从 2.5V 的隐性电平切换到 3.8V 左右,相对 3.5V 也有了 0.3V 的升高。

4)当左侧单元发送信息时,右侧单元的 CAN-HIGH 波形和左侧单元的相同,但 CAN-LOW 会检测到来自右侧单元的反射波,CAN-HIGH、CAN-LOW 同时具备 CAN-HIGH 的属性且相位完全相同,只是 CAN-HIGH 相对 CAN-LOW 的显性电平偏低一些,CAN-HIGH 的为 3.8V,CAN-LOW 的为 3.54V。

5)这种情况下,左侧的控制单元不会参与系统工作。

注意:观察这类信号波形时,先观察波形相位和切换方向重叠的部分,只要有这种类似的波形,就说明总线有断路的地方,至于是 CAN-HIGH 还是 CAN-LOW 断路,可以参照重叠部分波形的显性电平的高低来判定。如果 CAN-HIGH 高于 CAN-LOW,说明 CAN-HIGH 断路;如果 CAN-LOW 高于 CAN-HIGH,说明 CAN-LOW 断路。

3. CAN-HIGH 虚接的波形分析（图 A-30）

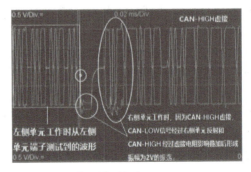

图 A-30　CAN 总线原理、故障及波形（从左侧单元端测得）

1）当 CAN-HIGH 虚接时，并没有改变原有电路任何的电流大小，CAN-HIGH、CAN-LOW 的电位还是两个 470Ω 之间的电位，即为 5V 的一半，所以隐性电平不变。

2）当左侧单元发送信息时，由于虚接，左侧控制单元的 CAN-HIGH 端与接地之间的电阻增大，在流经左侧控制单元中 CAN-HIGH 对应的晶体管上方的 42Ω 电阻内的电流减小，该电阻两端的电压降将减小，左侧控制单元端 CAN-HIGH 信号电压会相应提高，试验中为从 2.5V 切换到 3.88V，显性电平相对 3.5V 有了 0.38V 的提高，虚接电阻越小，显性电平越接近 3.5V。CAN-LOW 的显性电平也随之下降，约为 1.26V；试验虚接电阻为 1kΩ，电阻越大，对系统影响越大。

3）当右侧单元发送信息时，由于虚接，右侧控制单元端 CAN-HIGH 的电压有了明显的下降，信号波形从 2.5V 切换到 1.74V，相对 3.5V 有了 1.76V 的降低，显性电平反方向变化。CAN-LOW 波形从 2.5V 切换到 1.26V，相对 1.5V 有了降低。试验虚接电阻为 1kΩ，电阻越大，对系统影响越大。

4. CAN-LOW 虚接的波形分析（图 A-31）

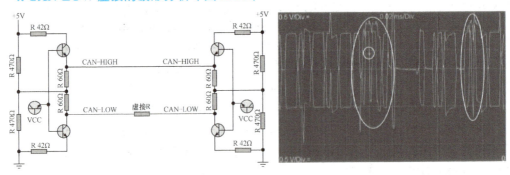

图 A-31　CAN 总线原理、故障及波形（从左侧单元端测得）

1）当 CAN-LOW 虚接时，并没有改变原有电路任何的电流大小，CAN-HIGH、CAN-LOW 的电位还是两个 470Ω 之间的电位，即为 5V 的一半，所以隐性电平不变。

2）当左侧单元发送信息时，由于虚接，左侧控制单元的 CAN-HIGH 端与接地之间的电阻增大，在流经左侧控制单元中 CAN-HIGH 对应的晶体管上方的 42Ω 电阻内的电流减小，该电阻两端的电压降将减小，左侧控制单元端 CAN-HIGH 信号电压会相应提高，试验中从 2.5V 切换到 3.75V，显性电平相对 3.5V 有了 0.25V 的提高，虚接电阻越小，显性电平越接近 3.5V。CAN-LOW 的显性电平也随之下降，约为 1.1V；试验虚接电阻为 1kΩ，电阻越大，对系统影响越大。

3）当右侧单元发送信息时，由于虚接，右侧控制单元端 CAN-HIGH 的电压有了明显的提高，波形从 2.5V 切换到 3.75V，相对 3.5V 有了 0.25V 的提高。CAN-LOW 波形从 2.5V 切换到 3.26V，显性电平反方向变化，相对 1.5V 有了明显的提高；试验虚接电阻为 1kΩ，电阻越大，对系统影响越大。

注意：观察此类波形时，主要看某个控制单元的 CAN 总线信号波形是否存在逆向切换的显性电平，如果 CAN-HIGH 信号波形存在逆向切换的显性电平，则为 CAN-HIGH 存在虚接，虚接电阻越大，逆向切换后的显性电平越低。如果 CAN-LOW 信号波形存在逆向切换的显性电平，则为 CAN-LOW 存在虚接，虚接电阻越大，逆向切换后的显性电平越高。

5. CAN-HIGH 对 +B 短路的波形分析（图 A-32）

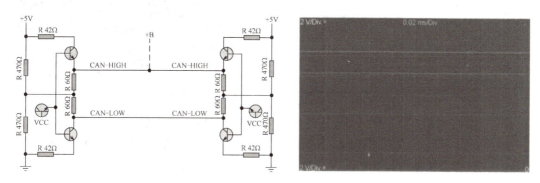

图 A-32　CAN 总线原理、故障及波形（从左侧单元端测得）

1）CAN-HIGH 的隐性电平为 +B，因为 CAN-HIGH、CAN-LOW 之间有 60Ω 的电阻存在，所以 CAN-LOW 的隐性电平相对 CAN-HIGH 会偏低大约 2V。

2）当某侧单元发送信息时，CAN-HIGH 始终为 +B。CAN-LOW 的波形会在 10V（隐性电平）的基础上切换到 4.4V，相对正常的 1.5V 有明显的提高。

6. CAN-LOW 对 +B 短路的波形分析（图 A-33）

1）CAN-LOW 的隐性电平为 +B，因为 CAN-HIGH、CAN-LOW 之间有 60Ω 的电阻存在，所以 CAN-HIGH 的隐性电平相对 CAN-HIGH 会偏低大约 2V，为 9.72V。

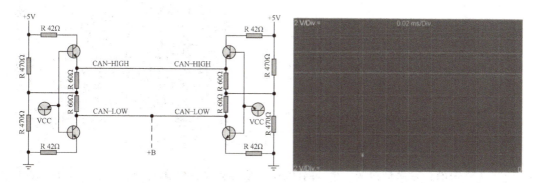

图 A-33　CAN 总线原理、故障及波形（从左侧单元端测得）

2）当某侧单元发送信息时，CAN-LOW 始终为 +B。CAN-HIGH 的波形会在 9.72V（隐性电平）的基础上切换到 9.12V，相对正常的 3.5V 有明显的提高。

注意：观察此类波形时，主要看所有控制单元总线波形的隐性电平是否有一根信号线电压始终保持为 +B，而另外一根信号线为 10V，如果有，就说明 CAN 总线对 +B 短路。如果 CAN-HIGH 为 +B，CAN-LOW 为 10V，说明 CAN-HIGH 对 +B 短路。如果 CAN-LOW 为 +B，CAN-HIGH 为 10V，说明 CAN-LOW 对 +B 短路。

7. CAN-HIGH 对 +B 虚接的波形分析（图 A-34）

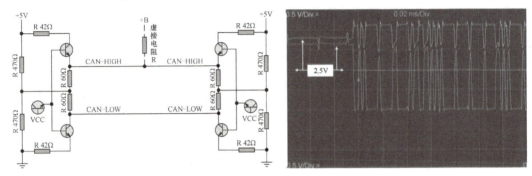

图 A-34 CAN 总线原理、故障及波形（从左侧单元端测得）

1）与虚接电阻大小有关，电阻越大，对隐性电平的影响越小（2.5V~+B），电阻越大，隐性电平越靠近 2.5V，同时 CAN-HIGH 的隐性电平会略高于 CAN-LOW。试验电阻为 200Ω，CAN-HIGH 隐性电压为 6.5V，CAN-LOW 隐性电压为 5.7V。

2）当某侧单元发送信息时，CAN-HIGH 波形在被提高的隐性电压（6.5V）和 4.5V 之间反向切换。同样，CAN-LOW 波形在被提高的隐性电压（5.7V）和 1.8V 之间正向切换。

3）CAN-HIGH、CAN-LOW 显性电平的差值大于 2V，CAN 总线仍可以正常通信。

8. CAN-LOW 对 +B 虚接的波形分析（图 A-35）

1）与虚接电阻大小有关，电阻越大，对隐性电平的影响越小（2.5V~+B），电阻越大，隐性电平越靠近 2.5V，同时 CAN-LOW 的隐性电平会略高于 CAN-HIGH。试验电阻为 200Ω，CAN-LOW 隐性电压为 6.5V，CAN-HIGH 隐性电压为 5.7V。

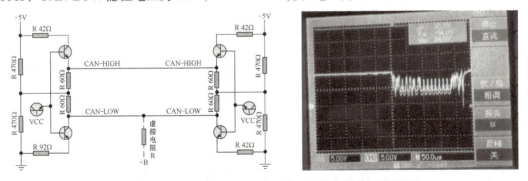

图 A-35 CAN 总线原理、故障及波形（从左侧单元端测得）

2）当某侧单元发送信息时，CAN-HIGH 波形在被提高的隐性电压（5.7V）和 3.96V 之间反向切换。同样，CAN-LOW 波形在被提高的隐性电压（6.5V）和 2.8V 之间正向切换。

注意：观察此类波形时，主要看所有控制单元总线波形的隐性电平是否同时明显大于2.5V，如果有，就说明CAN总线存在对+B虚接。如果CAN-HIGH的隐性电平大于CAN-LOW，说明CAN-HIGH对+B虚接。如果CAN-LOW的隐性电平大于CAN-HIGH，说明CAN-LOW对+B虚接。

9. CAN-HIGH对接地短路的波形分析（图A-36）

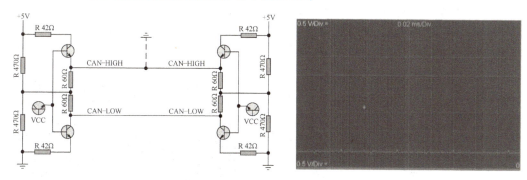

图A-36　CAN总线原理、故障及波形（从左侧单元端测得）

1）因为CAN-HIGH对接地短路，所以CAN-HIGH的隐性电平变为0V，而CAN-LOW的电压因为终端电阻的存在而比CAN-HIGH的隐性电平提高0.5V。

2）当某侧单元发送信息时，CAN-HIGH依然为0V，CAN-LOW相对隐性电平0.5V会更低一点，大约为0.23V。

10. CAN-LOW对地短路的波形分析（图A-37）

1）因为CAN-LOW对接地短路，所以CAN-LOW的隐性电平变为0V，而CAN-HIGH的电压因为终端电阻的存在而比CAN-LOW的隐性电平提高0.5V。

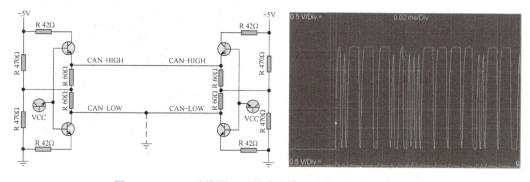

图A-37　CAN总线原理、故障及波形（从左侧单元端测得）

2）当某侧单元发送信息时，CAN-LOW依然为0V，CAN-HIGH相对隐性电平0.5V会提高，大约为2.96V。

注意：观察此类波形时，主要看所有控制单元总线波形的隐性电平是否有一根信号线电压始终保持为0V，而另外一根信号线为0.5V，如果有，就说明CAN总线对接地短路。如果CAN-HIGH为0V，CAN-LOW为0.5V，说明CAN-HIGH对地短路。如果CAN-LOW为0V，CAN-HIGH为0.5V，说明CAN-LOW对地短路。

11. CAN-HIGH 对地虚接的波形分析（图 A-38）

1）与虚接电阻大小有关，虚接电阻越小，对隐性电平的影响越大（0~2.5V），电阻越小，隐性电平越靠近 0V，因为 CAN-HIGH 对地虚接，所以 CAN-HIGH 的隐性电平性对 CAN-LOW 要低一些，这是因为终端电阻的存在；试验虚接电阻为 200Ω，CAN-HIGH 的隐性电平为 1.43V，CAN-LOW 的隐性电平为 1.65V。

2）当某侧单元发送信息时，因为晶体管导通，CAN-HIGH 波形在被拉低的隐性电平（1.43V）与 3.1V 之间切换，相对正常情况下的 3.5V 有所下降。同样 CAN-LOW 波形在被拉低的隐性电平（1.65V）与 1.31V 之间切换，相对正常的 1.5V 有所下降。

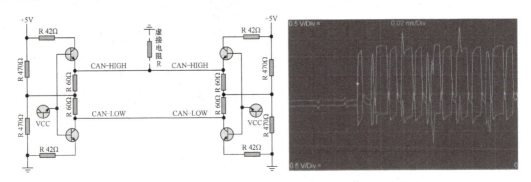

图 A-38　CAN 总线原理、故障及波形（从左侧单元端测得）

3）CAN-HIGH、CAN-LOW 显性电平的差值基本保持 2V，CAN 总线仍可以正常通信。

12. CAN-LOW 对地虚接的波形分析（图 A-39）

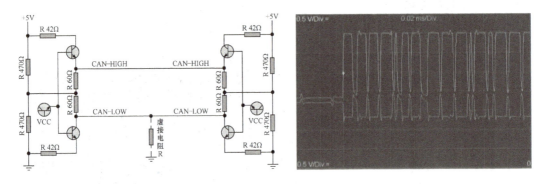

图 A-39　CAN 总线原理、故障及波形（从左侧单元端测得）

1）与虚接电阻大小有关，虚接电阻越小，对隐性电平的影响越大（0~2.5V），电阻越小，隐性电平越靠近 0V，因为 CAN-LOW 对地虚接，所以 CAN-LOW 的隐性电平性对 CAN-HIGH 要低一些，这是因为终端电阻的存在；试验虚接电阻为 200Ω，CAN-LOW 的隐性电平为 1.43V，CAN-HIGH 的隐性电平为 1.65V。

2）当某侧单元发送信息时，因为晶体管导通，CAN-HIGH 波形在被拉低的隐性电平（1.65V）与 3.43V 之间切换，相对正常情况下的 3.5V 有所下降。同样 CAN-LOW 波形在被拉低的隐性电平（1.43V）与 1.31V 之间切换，相对正常的 1.5V 有所下降。

3）CAN-HIGH、CAN-LOW 显性电平的差值基本保持 2V，CAN 总线仍可以正常通信。

注意：观察此类波形时，主要看所有控制单元总线波形的隐性电平是否同时明显小于 2.5V，如果有，就说明 CAN 总线存在对地虚接。如果 CAN-LOW 的隐性电平大于 CAN-HIGH，说明 CAN-HIGH 对地虚接。如果 CAN-HIGH 的隐性电平大于 CAN-LOW，说明 CAN-LOW 对地虚接。

13. CAN-HIGH、CAN-LOW 互短的波形分析（图 A-40）

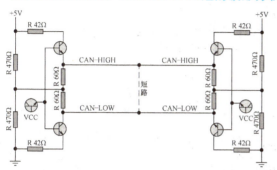
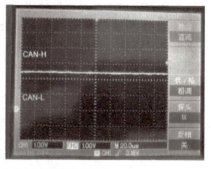

图 A-40　CAN 总线原理、故障及波形（从左侧单元端测得）

不管是隐性还是显性，CAN-HIGH、CAN-LOW 的信号始终维持在 2.5V。

14. CAN-HIGH、CAN-LOW 通过电阻短路的波形分析（图 A-41）

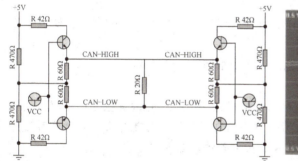
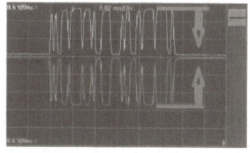

图 A-41　CAN 总线原理、故障及波形（从左侧单元端测得）

隐性电压不会发生变化，但 CAN-HIGH 和 CAN-LOW 的显性电压之间的差值会因为虚接电阻而等幅值减小，电阻越大，两者之间的差值越接近 2V。

A3　如何书写诊断报告

汽修行业对高职学生的要求是基于所学专业知识，通过实验验证、剖析实际车辆的构造和控制策略，并由此制订各种故障的诊断流程（故障树），实施现场诊断，提出维修和车辆改进意见。特点是不特别强调车型维修经验和实际故障概率；目的是基于实际车辆系统原理及故障现象编写诊断流程，重点体现思路的完整性、系统性、合理性，体现汽车"医生"的价值；能基于原车的结构和控制策略编制故障树并实施诊断，而不仅仅采用特别直接的、具有直接导向的故障代码辅助诊断，正确认识故障代码、数据流等解码器功能存在的局限，避免故障代码对思路和所要考察知识和能力的干扰。

高职均要求学生书写诊断报告，以便更全面地考察学生是否掌握了应该掌握的知识和技能,同时为客观评价提供佐证。

在日常教学活动中,一般要求诊断报告应包含以下内容的一个或几个,见图 A-42,从中不难看出,中职更侧重于能借助故障代码和维修手册对简单故障进行诊断和排除,基本不需要太多分析的内容;而高职相对而言更注重学生全方位能力的考核,既要有一定的实践动手能力,也要有较强的理论基础和分析问题、解决实际问题的能力。

诊断报告的作用主要体现在以下 2 个方面:

1)通过诊断报告的整理,可以进一步梳理整个思维和作业过程,完善细节,为日常教学提供宝贵的资源,真正使日常教学和实际工作紧密结合起来。

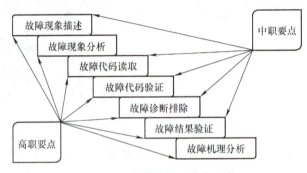

图 A-42　中高职报告内容要求

2)借助诊断报告,可以还原学生的作业过程,以便作出客观准确的裁判,所以报告格式的设计要便于学生展现自己的思路。

那如何写好一份报告呢,主要需要注意以下 4 个细节。

1. 故障现象描述

通过描述故障现象可以重点考察学生对车辆结构和工作原理的理解程度;可以考察学生会不会借用专业知识,根据客户主诉的故障,对车辆进行有效的功能检查,而这些有效的检查可以尽快确定故障部位和故障性质,为诊断提供更多的数据支撑。

在描述故障现象时,要注意每段话、每句话之间的逻辑性,一种方法是按照操作过程,用流水账的方式记录与故障相关的检查内容和结果;另一种方法是前记录主要故障,再记录次要故障,最后写出对诊断有利的正常的检查内容和结果。

2. 故障现象分析

重点考察学生对车辆控制策略的理解和逻辑思维能力,在一般情况下,学生应可以结合检测结果确定故障的部位和性质。分析时要首先抓住主要故障现象,参考与故障现象有关的系统结构和工作原理,写出导致故障出现的控制流程;然后结合其他检测结果,排除上述控制流程中的某些区间,最后确定故障成因;在有些情况下故障现象之间存在因果关系或前后时序,则重点分析因或者最早发生的事件;在有些情况下各个故障点彼此独立,没有因果关系或前后时序,则可以把每个故障现象的控制流程写出来,通过比较找寻其中重叠的部分展开诊断。

3. 诊断过程

(1)故障代码读取

有些故障现象通过分析就可以确定故障部位和性质,此时读码就是为了验证分析过程或者进一步缩小故障范围;有些故障现象通过人为分析可能无法确定故障部位和性质,因为范围太大、成因很多，或者故障属于偶发故障，实验时无法确认故障是否一定存在，所以只能借用车辆自诊断程序予以协助。

在利用故障代码进行诊断时，通常会遇到以下3种情况：

1）解码器无法进入目标控制单元，说明这个单元不具备通信条件，要结合通信原理进行诊断。要注意是只有目标控制单元不能进入，还有别的也进不去，是所有都进不去，还是个别几个进不去，不同的情况说明不同的故障范围。

2）解码器可以进入目标控制单元，但没有故障代码。没有代码并不意味着就没有故障，可能是在清除故障代码后进行故障工况模拟时，故障代码还没有生成，因此一方面要注意仔细分析初次读取存在、而二次读取不存在的故障代码是否与现象有关；另外一方面也要注意检测条件是否有利于故障代码的生成。如果确实没有故障记忆，则只能根据故障现象，结合系统结构和工作原理进行诊断了。

3）解码器可以进入目标控制单元，有故障代码，此时要注意是历史还是当前，是相关还是无关，如果是当前的，并且是相关的，那就要根据故障代码的定义开始进行诊断。

（2）故障代码验证

1）验证的必要性，现在车辆各系统都拥有自诊断功能，要知道故障代码是基于自诊断逻辑人为编辑出来的，实际上是一种经验，未必是对的，未必是所有故障都可以有故障代码，只有理解代码生成的含义才可以进行正确验证，否则还可能会影响诊断的思路。

2）用什么数据进行验证。一种高效的方法就是利用数据流或执行元件诊断功能进行验证，确定故障范围和性质；另一种就是利用在线式测量方法进行验证。两种方法各有利弊，需根据实际情况确定。

（3）故障诊断排除

常用故障诊断思路：在什么工况条件下，用什么仪器对哪些参数进行测量，在正常情况下，这些参数的标准值应该为多少，而实测结果是多少，两者比较得出结论。如果正常，和上一步测试结果进行比较，会推断出什么样的故障部位和故障性质，然后进行验证；如果异常，则推导出造成结果异常的原因有哪些（注意故障层级不能混乱），然后根据这些可能性分析出下一步的测试点。如果测试点根据故障树分析法有所跳跃或迁移，则给出必要的思路说明。

注意：

1）学生的整体思路是否清晰、合理。

2）选择正确的测试条件和测试设备至关重要，测试条件不正确可能会错过故障信息，测试设备不正确，可能无法还原信号本质，进而可能忽略某些故障信息。

3）正确理解波形代表的含义，快速、准确发现故障部位和故障性质。

4）分析时，不能根据检测结果反推故障可能，注意充分必要条件。

5）注意相关要求，避免文不对题。

6）排除故障的过程就是逐渐缩小故障范围的过程。

7）原则上不使用排除法，而是追寻异常指引。

8）正常的测试数据未必代表正常的结果，不正常一定代表某种错误。

9）正确理解故障树的诊断方法，竞赛时为什么强调不用电阻法。

10）诊断过程的最后一句话怎么写？

（4）诊断结果验证

验证的目的是为了确定之前的诊断是否正确，要注意以下 5 个问题：

1）诊断过程中基本采用电压法进行，最后用电阻法进行验证。

2）对于电路断路故障，一般需要诊断出断路区间和性质。

3）对于电路短路故障，诊断出故障性质即可。

4）对于元器件故障，能进行单件测试的一定要测试。

5）有些验证在实际工作中时较难实现，但也要有做的意识。

4. 故障机理分析

机理分析相当于病理分析，要搞清楚发现的故障点、故障性质以及为什么会导致故障现象的出现，分析清楚故障的原因是个性还是共性，是设计、制造层面还是应用层面的故障，为汽车设计、制造和使用提供最有价值的信息，书写的时候要注意下列 2 点：

1）有几个故障点，就需要写出几个分析过程。

2）应该写出每个故障点为什么会导致前面描述的故障现象，不管是正常的还是异常的现象都要写出来。

为了提高教学效果，建议采用以下思路进行理实一体化教学：

1）结合电路图，基本了解系统的结构和工作原理。

2）分析每个系统可设的故障点和故障性质。

3）凭借对车辆的理解，推断每个故障点对应的现象。

4）实验验证凭空推断是否正确。

5）分析检测结果，反推原车控制逻辑。

6）制订针对每个故障点的诊断流程。

7）汇总系统可能出现的故障现象。

8）汇总可能出现的故障点组合。

9）制订不同故障点组合后的整体诊断思路。

10）编写诊断报告。